엄마심사대

부모만 모르는
내 아이의 진실
50가지

엄마
심사대

해달 지음

스마트인

성적은 공감에서 시작된다

어느 날 저녁, 꽤 오래 가르친 한 남학생이 물었다. "선생님, 이 일을 시작한 걸 후회하지 않으세요?" 깜짝 놀랐다. 학생에게 지식을 효과적으로 전달하는 방법만 고민했지, 아이를 한 사람으로 보고 그의 성장에 대해 고민한 적은 없었다. 그런데 아이는 나를 사람으로, 인격체로 봤던 것이다. 그제야 아이의 눈에 비친 내 모습이 어땠을지 돌아보게 되었다. 나는 아이가 대학에 가고 싶게 할 줄은 알아도 어른이 되고 싶게 만들 줄은 몰랐다. 아이들도 그런 나를 '잘 가르치니까.', '성적이 오르니까.' 같은 이유로 견뎌 냈을 것이다.

학생과 강사의 상호 작용으로 교육이 완성되는 것인데, 나는 아이들을 놓치고 있었다. 변명을 하자면 일이 바빴다. 실수를 하면 안 된다는 압박이 있었다. 경력이 쌓이면서 자연스럽게 일어나야 할 업무적인 성장을 압축적으로 해내다 보니 아이들에게 마음을 쓸 겨를이 없었다. 아이들을 모르면서 하는 수업은 반쪽짜리였을 것이다.

그때부터 나는 아이들과 나눈 대화를 기록했다. 하루 반나절을 학원에서 보내는 아이들과 내가 같이 성장하는 서툰 시간을 기억하고 싶었기 때문이다. 처음부터 글로 써 내려는 생각은 아니었는데, 현장에서 아이들을 가르쳐 본 사람만이 할 수 있는 이야기가 있을 거라는 지인의 말에 용기를 얻어 글을 쓰기 시작했다.

아이들의 이름은 적지 않거나 익명으로 했다. 특정한 개인의 이야기가 아닌 학원에 다니는 평범한 학생들의 이야기로 읽어 주었으면 한다. 개중에는 일반화하기 어려운 사례도 있을 것이다. 이를테면 어떤 학부모는 아이의 성격과 교우 관계까지 바꿀 수 있다고 믿는다. 부모의 끊임없는 지적은 아이를 주눅들게 하고, 자신의 부피를 줄인 채 살아가는 데 익숙하게 한다. 반대로 마찰을 일으키고 저항하는 아이들은 또 그것대로 위험한 결과를 초래한다.

부모와 아이 사이의 공감과 이해가 아이의 삶을 좌우한다고 믿는다. 이 글의 사례들을 여러분이 겪어 보지 못했다고 없는 일로 취급하지 않았으면 좋겠다. 교육 현장마다 정도의 차이만 있을 뿐 본질은 통하게 마련이니 교사도, 강사도 문제를 터놓고 함께 고민했으면 좋겠다. 아이를 둘러싼 어른들이 함께 대화를 나눌 수 있다면 수험 생활이 모두에게 조금 더 견딜만한 일이 될 수 있을 것이다.

이 글은 방대한 대조군이 있는 연구 결과도 아니고, 이론적 근거가 탄탄한 연구물도 아니다. 단지 서울에서 가장 입시열이 높은 동네에서 학생과 청춘을 오롯이 보낸 한 강사가 목격한 기록이라고 생각하고 읽어 주었으면 한다. 이 글은 지극히 서툴었던 나와 학생이 학원에서, 집 앞에서, 바래다주는 차 안에서 나눴던 사소한 대화를 기록한 것이다. 때로는 유치하고 부끄러울 수 있지만 같은 고민을 하는 이들에게 위안과 공감이 되었으면 좋겠다.

'엄마 심사대' 위에
위태롭게 선
아이들

아이의 성격과 교우 관계까지 바꿀 수 있다고 믿는
부모들이 있다. 끊임없이 이어지는 부모의 사소한 지적이
아이를 주눅 들게 한다.

"글씨가 그게 뭐니? 글씨는 인성인데."

벌써 몇 번째 지적인지 모른다. 상담실에 들어올 때부터 시작된 꾸중이었다. 아이가 빠릿빠릿하게 움직이지 않는다고 한마디, 자리에 앉아 다리를 오므리지 않는다고 한마디, 출석부 사진이 웃으며 찍히지 않았다고 한마디, 급기야 상담지에 쓰인 글씨가 삐뚤삐뚤하다고 '인성' 얘기까지 나왔다. 펜을 쥔 아이의 손이 멈췄다. 당장이라도 폭발할 것 같은 표정이다. "그럼 엄마가 쓰라고!" 아이의 반격, 어머니는 천군만마를 얻은 듯 의기양양해진다. "누가 어른 앞에서 큰소리 내라고 했어?"

주눅 든 아이 곁에는 무서운 부모가 있다. 무섭다는 말이 꼭 호되게 혼을 낸다는 의미는 아니다. 끊임없이 이어지는 사소한 지적도 아이를 움츠러들게 한다. 행동 하나하나를 통제당한 아이의 마음은 괜찮지 않다. 글씨 하나를 쓸 때도 '못 쓰면 혼날 텐데……' 하는 두려움이 각인돼 일상적인 행동조차 소심해진다. 실제로 열 여덟, 열 아홉 살인데도 자기 의견을 제대로 말하지 못하는 학생이 많다. 이런 친구들을 상담하다 보면 대개 부모가 아이를 강하게 통제하는 경우가 많다. 친구와 길을 가다 우연히 부모와 마주칠 때에도 걸음걸이부터 옆에 있는 친구까지 '엄마 심사대'에 올리게 되니 아이는 소심해질밖에.

부모로서는 자식의 사소한 습관부터 주변 친구까지 통제하고 싶을 수 있다. 그 근간에는 부모가 아이에게 기대하는 상이 있다. 문제는 아이의 개성보다 어른의 이상을 중시할 때 발생한다. 부모가 아이에게 원하는 모습들을 강요하다 보면 아이는 순식간에 가르칠 게 많고 아직 한참 먼 문제투성이가 된다. 성격이 소극적인 것도, 싹싹하지 못한 것도, 성실하지 못한 것도 전부 고쳐야 할 일이 된다. 아이가 있는 그대로 존중받고 신뢰받기보다는 부모로부터 끊임없이 평가받고 인정받아야 하는 상황에 놓이는 것이다. 그 속에서 자란 아이가 자존감을 키워 가기란 쉽지 않다.

부모가 아이를 자신의 이상에 맞춰 넣으려 할수록 더욱 그렇다. 교우 관계의 어려움으로 우울해하던 고2 학생이 있었다. 부모는 상담 때마다 '우리 애가 사교성이 좋은 아이'라고 주장했고, 아이에게는 항상 '밝고 타의 모범이 될 것'을 주문했다. 그리고 문제 상황을 알게 됐을 때 부모는 "네 성격이 밝지 못해서 이 사달을 만들었다."라고 아이를 훈계했다. 아이는 "성격이 밝아지고 싶지만 저도 그게 잘 안 되는데, 다들 제 탓이라고만 하니까, 저도 제 성격이 안 고쳐지는 게 답답해요."라며 속상해했다. 위로를 얻기는커녕 아이는 교우 문제에 이어

부모에게까지 배척당했다는 감정이 가중됐다. 뒤이어 부모는 "생일 때 반 친구들을 다 불러서 파티를 하자."라며 친구들을 초대할 것을 요구했다. "친구가 없다."는 아이의 말에 "엄마랑 친한 학부모들의 자식이 있다."고 친해질 것을 강요하거나 "성격을 바꿀 노력을 안 하니까 친구가 생기지 않는다."라고 다시 한번 비난을 가했다.

남들 보기에 괜찮은 자식 만들려다가……

부모가 원하는 자녀상을 달성한다고 문제가 해결될 리 없다. 성격이 밝거나 밝지 않은 것이 교우 관계의 결정적 원인은 아니기 때문이다. 하지만 이 부모는 자신이 아이의 성격과 교우 관계까지 바꿀 수 있다고 믿었다. 아이는 "엄마가 말하는 것이 다 맞겠지만, 엄마가 원하는 그런 게 될 수 없는데 듣지를 않는다.", "다 내가 문제인 것 같다."라며 자학적인 모습을 보였다. 부모가 제 자식을 그대로 보지 못하고 자신의 이상을 강요할 때, 아이는 자신을 그대로 드러내고 신뢰받을 곳이 없어진다.

사소한 간섭이 누적되면 사소한 결정에도 눈치를 보는 아이가 될 것이고, 성격 전반에 대한 통제가 이어지면 아이의 자아 존중감을 앗아 버릴 수도 있다. 내 아이가 '남들 보기에 괜찮은' 자식이 되었으면 하고 기대하는 것은 자연스럽지만, 그것이 아이의 자존감을 키우기보다는 과할 경우 아이의 자존감마저 무너뜨릴 수 있다는 점을 기억했으면 좋겠다.

"엄마가 나더러
엄마처럼
살지 말래요"

온종일 공부에 치이는 학생을 보면 안쓰럽다.
어쩌면 정말 안쓰러운 것은 그들의 '극성' 부모일지도 모른다.
모두가 피해자다.

그날도 나는 학원 근처 식당에서 밥을 먹고 있었다. 옆자리에서 "어머, 선생님 아니세요?" 하는 인사가 들렸다. 내가 담당하는 학생의 어머니였다. 그렇게 하소연은 시작됐다. 고2가 참 중요한 시기인데 아이에게 남자 친구가 생겨서 공부를 하지 않는다, 주변에 독하게 공부하는 친구가 없다 등등. 학부모의 흔한 고민에 더 흔한 대답으로 대처하며 이 시간이 빨리 끝나기만을 기다리고 있었다. 학부모가 이런 말을 던졌다. "선생님은 미혼이어서 엄마 마음을 몰라요."

엄마 마음. 그 한마디가 마음에 걸렸다. 나는 이 동네 학부모들을 불편해했다. 아이의 동선을 고려해 집에 도착해야 할 시간까지 정확히 계산하는 어머니를 볼 때면 숨이 막혔고, 성장하면서 당연히 느껴야 할 감정들을 대학 이후로 보류하라고 요구하는 부모들을 이해할 수 없었다. 내 눈에는 온종일 공부에 치이는 학생들만 안쓰러워 보였던 것이다. 자식을 소유물로 보는 것 같은 사람들이 '엄마 마음'이라는 말을 하니, 내겐 그 마음조차 의심스러웠다.

학부모와 상담을 늘렸다. 쌓이다 보니 1년에 1,000여 건 정도가 됐다. 거기에는 '아이의 휴대전화를 감시하지도 않고 교우 관계를 관리하지도 않지만, 시험 성적이 나온 뒤에는 가끔 섭섭함을 삭일 수가 없어' 아이하고 다툼을 한다는 평범한 부모도 있었다.

많은 학부모가 의외로 아이의 자발적인 요구 때문에 학생을 관리하고 있었다. 아이들은 이미 학교에서 성적으로 서열화된다. 한 학기를 마치고 나면 학원에 데려오는 친구들도 학교 성적이 서로 비슷한 아이들로 바뀐다. 아이들은 공부를 잘하는 친구를 '신'이라고 부르고, 못하는 친구를 은근히 무시하며, 그 틈새에서 자신의 위치를 끊임없이 확인한다. 이 속에서 아이들은 부모가 공부하라고 가르치지 않아도 자신을 기꺼이 서열 전쟁에 동참시킨다.

차별을 내면화한 아이들은 부모에게 당당히 요구한다. "내가 공부만 할 수 있게 엄마가 모든 상황을 통제해 줘." 그래서 많은 학부모가 스케줄을 짠다. 그들은 아이 대신 학원 설명회를 뛰어다니고, 동선을 짜 주고, 식사 시간을 지정해 준다. 아이를 태우러 가고 태워 온다.

반대로 아이의 동의 없이 부모의 관리가 이뤄지기도 한다. "제가 좋은 대학을 못 나와서 무시를 당하곤 했는데, 우리 딸만은 그런 설움을 겪지 않게 할 거예요." 자신이 평생 싸워 온 사회가 적자생존 사회였던 이 아버지는 일단 아이를 학원에 밀어 넣었다. 이런 학생들은 상담을 하다 보면 "우리 엄마가 ○○대 나왔는데, 저 보고는 엄마처럼 살지 말래요."라는 말을 한다. 차별을 당했든, 차별을 가했든 이미 서열이 내재화된 학부모들은 두려운 것이다. 자신이 겪었던 학벌 사회가 세상에 피어 보지도 못한 내 자식을 꺾어 버릴까 봐.

이는 "어릴 때는 넘어지면 옆에서 일으켜 세워 주면 그만이지만 세상에 나갔을 때는 엄마가 옆에서 세워 줄 수 없잖아요."라는 또 다른 학부모의 말로 더욱 분명해진다. 사회를 바꿔 줄 수 없다는 걸 알기 때문에 그들은 이 사회에서 살아남는 방법, 기왕이면 잘 살아남는 방법을 제시해 주려고 한다. 이런 생각이 부모로 하여금 아이가 공부를 하지 않아도 학원으로 내몰게 하고, 인큐베이터라 손가락질 받더라도 무엇인가를 끊임없이 투입하게 하는 것이다.

적자생존 사회가 만든 '매니저 부모'

그렇게 학부모가 되는 순간, 엄마는 아이의 매니저라는 직업을 얻고 대신 그간 쌓아 온 사회적 경험을 잃는다. 아이 교육은 엄마 몫이라는 가족의 분위기도 이러한 손실을 가속화한다. "딸이 고등학교에 입학하면서 옆에 있어 달라고 해서 회사를 그만뒀어요. 매일 딸이랑 같은 침대에서 자요. 애가 아침 7시에 공부한다고 깨워 달라고 하더라고요. 저는 혹시 못 깨울까 봐, 아이가 나 때문에 잘못될까 봐 불안해하면서 잠을 자요. 그런데 우리 딸은 아무리 깨워도 일어나지를 않네요. 나보다 절박하지 않은 딸을 보면 허탈하긴 한데, 저는 이 아이에게 다 걸었으니까 이 전쟁을 안 할 수가 없어요."

미혼인 나는 이 상황에서 어머니들이 어떤 감정에 빠지는지 지금도 충분히 모른다. 하지만 단순히 '극성'이라는 수식어만으로 이들을 설명하는 일은 가혹하다. 수백 번의 상담 끝에 내가 얻은 결론은 내가 엄마였어도 다르지 못했으리라는 것이다.

"저는 맞아도 싸요."
라고 말하는
아이들

03

가정 폭력이 심한 경우를 가끔 접한다. 대부분 성적 탓이다.
가족의 논리가 어떠하든 성적이 낮기 때문에
맞는 게 당연하다고 배우는 것은 문제다.

체벌을 마케팅 수단으로 삼고 고소당하는 일을
반복하는 일부 학원이 있긴 하지만 대다수 교육 현장에서는 더 이상 학
생을 때리지 않는다. 체벌이 법적으로 금지되었기 때문이기도 하고 아
니기도 하다. 선생과 제자는 사회적 관계를 맺고 있다. '사랑받는다'는
전제를 공유하지 않으면 훈육조차 어렵다. 훈육과 체벌의 경계가 모호
한 까닭에 선생이 아이에게 강압적으로 대하는 일은 여간해서는 일어
나지 않는다.

가정 내 체벌은 그래서 더 위험하다. '사랑하기 때문'이라는 대전
제가 모든 폭력을 정당화한다. 시험이 끝난 후 가족끼리 밥을 먹다가
밥그릇이나 먹던 과일로 맞았다는 아이들이 종종 있다. 아버지로부터
날아오는 리모컨을 맞기 싫어서 피했다가 방 안에 갇힌 채 두들겨 맞
거나, 집에서 도망가려다가 현관에서 머리채를 잡혀 질질 끌려 들어
갔다는 '무용담'도 심심치 않게 들린다. 집이야말로 폭력의 사각지대

인 셈이다.

체벌의 원인은 대부분 성적이다. "네게 부족할 것 없이 다 투자했는데 결과가 이 모양이라서.", "너만 잘하면 우리 가족이 이렇게 화목한데.", "집안 어른들 보기 창피하다." 따위 부모의 말은 성적이 안 나오면 맞아야 한다는 당위를 성립시킨다. 물리적·언어적 폭력에 계속 노출된 아이들은 시험을 보기도 전에 지레 겁부터 먹는다. 맞을 걱정 때문이다.

부모를 바꿀 수 없다는 걸 아이들도 안다. 게다가 본인도 공부가 필요하다는 것을 잘 안다. 그 속에서 폭력은 만성화된다. 피해자는 자신을 피해자라고 인정하지 않게 된다. 폭력은 암묵적 합의를 얻는다. '널 위한 일'이라는 명제는 견고해진다. 아이들은 '합의'하에 맞는다.

"저는 맞아도 싸요."라는 말을 내면화한 아이들

"너 잘되라고 때리는 것이다."라는 한마디는 폭력을 훈육으로 둔갑시킨다. 아이 스스로도 "못하면 맞아야죠."라고 인정한다. 나만 공부를 잘하면 맞을 일이 없다. 이것은 못난 자신을 교정하기 위한 과정이다. 문제없는 가정에 문제를 일으켰으므로 학생들은 "저는 맞아도 싸요."라는 말을 반복적으로 한다. 폭력의 원인을 자신에게서 찾고 나면, 저항하지 않는 것이 당연해진다.

하지만 "부모님이 잘못했네."라는 선생의 말 한마디에 아이는 참았던 울음을 터뜨린다. '원인 제공자'라는 비난을 더는 받고 싶지 않아서 자기를 방어했던 것이다. "나를 때린 부모가 밉다.", "억울하고 속상하다.", "열심히 했는데 잘 안 됐다.", "내가 왜 이러고 사는지 모르겠다."라는 부모에게 미처 하지 못했던 푸념이 그제야 나온다. 마음이 풀린 다음에는 스무 살만 되면 꼭 집을 나가겠다는 다짐을 하기도 한다.

성적표가 나온 날, 코뼈가 부러질 만큼 얻어맞고서 호기롭게 집을 나온 아이가 있다. 아이에게 청소년 쉼터에서 도움을 받으라고 권해 봤지만 아이는 오히려 "그런 곳에 내가 왜 가요?"라며 기가 막혀 했다. 아이에게 그런 데는 결손 가정이나 비행 청소년 등 문제 있는 애들이 가는 곳이었다. 경제적으로 안정되고 부모의 교육 수준이 높은 가정에서 자란 '내'가 뉴스에 나오는 가정 폭력의 피해자와 같은 사람일 리가 없다. "나만 없어지면 이 가정은 행복하고 완벽할 것."이라는 아이들의 말은 괜히 나오는 게 아니다.

"오늘은 몇 시간 맞을지 내기하자."고 말하면서도 아이들은 그것이 폭력이라고 생각하지 않는다. 학부모의 생각도 같다. 엄한 아버지라서 아이와 갈등이 있다거나 애 아빠 성질이 불같아서 그런 것일 뿐, 우리 가정에는 문제가 없다. 그렇다고 문제 상황을 학생에게 인식시키는 게 꼭 좋은 일만도 아니다. 아이가 지니고 있는 삶의 정체성을 흔드는 일이기 때문이다. 그것이 무너지면 아이들은 갈 곳이 없다.

아동복지법에 뭐라고 적혀 있든 부모가 '사랑해서' 그런다는데 '외부인'인 선생이 무엇을 할 수 있겠는가? 그저 발만 동동 구를밖에. 하지만 가족의 논리가 어떠하든 아이가 성적이 낮기 때문에 맞는 게 당연하다고 배우는 것은 문제가 된다. '맞을 짓을 하니 맞고, 무시당할

만하니 무시당한다.'는 약육강식의 논리를 내면화한 아이들이 오늘도
집에서 양산되고 있다.

돈 주고 산 게
사람이라는 건
기억해 줘요

학부모가 학원을 끊는 유형은 대략 다섯 가지 정도로
나눠 볼 수 있다. 한 가지만은 잊지 말자.
강사와 학생이 '관계'를 맺고 있었다는 사실을.

퇴원 사유를 꼬치꼬치 캐묻는 학원을 그만두
기란 쉽지 않다. 무턱대고 전화를 피할 수만도 없다. 교육 서비스의
특성상 소비자가 사용한 것이 제품이 아니라 사람이다 보니 그 관계
를 어떻게든 마무리지어야 하기 때문이다. 학부모가 학원을 끊는 방
법은 대략 다섯 가지로 나뉜다.

1. 무시한다

학원 전화를 받지 않거나 끊는다. 가장 보편적인 방법이다. 다니는
동안은 뻔질나게 연락하다가 그만두는 날부터 주고받은 문자 메시지
조차 읽지 않는 일이 비일비재하다. 다시 다니게 되면 또 얼마나 친하
게 구는지 모른다. 강사도 사람이다. 무시하는 것이 본인에게 편리할
수도 있다. 하지만 사람 사이인데 적어도 그만둔다는 인사는 해야 하
지 않나? 무작위로 걸려 온 대출 상담 전화가 아니지 않나.

2. 강사의 품질을 격하한다

퇴원할 때마다 그 사유로 "수업이 쓰레기라 들을 게 없다."라고 말하는 학생이 있다. 그래 놓고 시험 때가 되면 매번 찾아온다. 만점에 가까운 결과가 나와도 학부모마저 "수업은 쓰레기지만 우리 애가 잘나서 잘 봤다."라는 말을 하고 나간다. 백화점 고객 센터에서는 이런 일이 반복될 경우 그들을 블랙 컨슈머로 등록하면 그만이다. 하지만 공산품이 아닌 사람인 나는 귀가 달린 까닭에 그 말을 듣고도, 아이를 다시 만나게 된다. 그 말이 사실이라면 안 오면 될 것을, 꼬박 3년을 오는 심리는 또 무엇이란 말인가. 비슷한 사례로 "학원이 못 가르쳐서 성적이 떨어졌다."고 온갖 욕을 하고 나가는 아이들도 있다.

3. 난 당신이 싫어요

"우리 애가 선생님이 싫대요."라고 학부모가 퇴원 의사를 밝혔다. 싫을 수 있다. 모든 강사와 학생의 합이 잘 맞을 수는 없는 일이다. 그런데 그 뒤로 학생의 짜증 섞인 목소리가 들린다. "그런 거 아니라고 했잖아! 왜 그러냐고!", "그럼 뭐라고 하고 그만두냐고!" 사유를 뭐라도 말해야 한다는 강박은 내려놓자. 아이가 학원을 안 간다고 하니 속상한 마음도 알겠다. 하지만 학원은 모자 갈등의 화풀이 장소가 아니다. 어제까지 잘 지내던 아이의 부모로부터 "선생이 싫어서 학원을 안 가잖아요. 책임지세요. 강사 관리를 어떻게 하는 거예요?"라는 말을 들으면 사람 사이에 존재하는 최소한의 신뢰마저 깨진다. 자매품으로

"선생이 우리 애만 차별했다면서요?"가 있다. 수많은 학생 중에 특정한 한 명만 골라서 싫어하기란 모두를 무조건 예뻐하기보다 더 어려운 일이다.

4. 이기고 싶다, 격렬하게 이기고 싶다

간혹 인사권이나 공권력을 활용하고 싶어 하는 분들이 있다. 문제는 "보충 시간을 우리 애만 불가능한 시간에 잡아서 안 다닌다.", "내 자식을 과외처럼 봐주지 않는다." 등에서 시작한다. 이곳이 과외가 아니라 학원임을, 보충도 수강료 없이 자발적으로 하는 수업이며 공강시간을 고려한 최선의 선택이었음을 설명하고, 불편을 드려 죄송하다고 사과하면 끝날 일인 것 같다. 하지만 뜻대로 풀리지 않은 학부모는 화가 난다. "참 논리적이시네요. 싸가지가 없어서 못 보내겠네.", "어디서 또박또박 말대답이야? 원장 바꿔!", "너 나랑 꼭 법원에서 만나자. 학원비 물어내게 될 거야." 대체 나 하나를 이겨서 그들에게 무슨 득이 있는지는 모르겠다. 그 아이에게 쏟은 정성이 아까워지는 순간이다. 아무리 일면식이 없어도 제 자식 얼굴에 침은 뱉지 말아야지. 참, 학원비는 분당 수강료로 책정되기 때문에, 수업에 참여했다면 원비는 내야 한다.

5. 솔직히 말씀해 주세요

학원을 잘 그만두는 방법은 간단하다. 솔직히 말하고 오해를 남기지 않는 것이다. 향후 다른 공부 계획이 있어서 그만둔다, 학원 다니면서 불만족한 부분이 있었는데 채워지지 않았다, 혼자 공부하는 방법을 잊어버린 것 같다 등. 그래도 학원이 수강을 권유한다면 단호하게 거절하면 된다. 어제까지 멀쩡히 관계 맺던 사람을 오늘 와서 없던 사람 취급은 하지 않았으면 한다. 돈으로 수업을 구입했을지라도 그 안에서 강사와 학생은 잠시나마 인간관계를 맺고 있었다. 다시는 안 볼 사이일지라도, 이 관계에 대한 최소한의 존중을 바란다(그리고 우리는 의외로 금방 다시 만난다).

툭하면
스마트폰 끊는다는
부모들에게

05

사춘기는 부모와 자식이 서로 예민해지는 시기다.
틈만 나면 화장을 고치거나 스마트폰을 들고 놓지 못하는
아이를 어떻게 이해해야 할까.

요즘 학부모 상담의 화두는 아이의 '사춘기'이다. 부모들은 아이의 변화가 혼란스럽다. 아이를 아침에 늦게 깨우면 엄마 때문에 학교 늦는다고 화를 내고, 학원에 태워다 주려고 하면 왜 내 일상을 방해하느냐고 화를 낸다. 하루에도 몇 번씩 말이 바뀌니 어느 장단에 맞춰야 할지 모르겠다. 그래도 엄마니까 힘을 내 본다. 하지만 아이는 엄마 말이라면 무조건 거부 반응부터 보인다. 아이의 날선 발언에 상처를 받다 보면 울컥 서럽기도 하다. '널 위해서 하는 말'인데도 아이는 "엄마는 공부하라는 말밖에 모른다."고 받아치니 도통 대화하는 것 같지 않다. 그럴 때면 왜 하필 수능이 1년 6개월도 채 남지 않은 이 시점에 사춘기가 온 건지 원망스럽다. 남들이 말하던 '중2병'이 중학생 때 찾아오지 않아서 '내 자식이 일찍 철들었다.'며 안심했는데, 웬걸. 차라리 중학생 때 폭탄이 터졌어야 했다.

"저희도 자아가 생겼잖아요. 엄마가 너무 나서는 건 불편해요." 아

이들도 아이들대로 할 말을 한다. 엄마와 자식의 문제는 예민하다. 아이의 자존심이 다칠까 봐 엄마가 상담 다녀갔다는 말을 전하기도 어렵다. 하지만 넌지시 냄새만 풍겨도 속사포처럼 본인들 주장을 쏟아낸다. 공부만큼 친구도 중요하다. SNS로 친구들과 소통도 해야 하고, 단체 사진에 이름 태그가 달리는 것, 예쁜 셀카로 '좋아요.'를 받는 것도 중요하다. "스마트폰을 만지는 나를 보면 툭하면 용돈을 끊는다거나 스마트폰을 빼앗는다고 하는데, 나도 내 인생이 있고, 내가 만날 SNS만 하고 있는 것도 아니고, 하루 종일 공부하다가 고작 한 시간 정도 즐기는 건데 그 꼴을 못 보는 엄마가 답답하다." 그런 엄마와는 대화를 하고 싶지 않다.

요즘 교실은 '대학생 콘셉트'가 유행 중

하얗고 빨갛게 화장을 하고 학원에 온 아이들이 한 반에 못해도 70% 이상이다. 요즘에는 텀블러를 오른손에 들고, 귀에는 이어폰을 꽂고, 학원 교재를 왼팔에 안고 들어오는 대학생 콘셉트가 유행이다. 쉬는 시간만 되면 일제히 비비크림과 씨씨쿠션을 꺼내 놓고 화장 수정에 나서며, SNS에 올릴 셀카를 보정하는 것도 일이다. 이제 막 공부 아닌 다른 일상에도 눈을 뜨기 시작한 아이의 변화는 사랑스럽다. 자신을 꾸미는 여유를 통해 아이들은 '학생'이기 전에 '사람'인 자신에 대해 관심을 갖게 되는 것이다. 고작 화장만으로 이 팍팍한 일상에서 도피할 수 있을 만큼 아이들은 순수하다.

하지만 대학 입시가 고교 3년 안에 해답을 내야 하는 시험이기에 아이의 작은 변화에도 초조한 엄마의 처지 역시 이해가 된다. 학생이 화장하는 5분, SNS를 하는 10분, 친구들과 스마트폰 메신저를 하는 30분 등 몇 분이 걸리는지가 중요한 것이 아니다. 이런 것이 모여서 아이 생활의 중심이 변할까 봐 우려한다. '요즘 시대에는 대학이 전부가 아니라고 하지만, 그게 없으면 나중에 본인이 원하는 일을 찾아 나설 때 장벽이 너무 높을 수 있으니' 아직은 공부를 했으면 하는 것이다. 그러고 보면 '다 너를 위한 것'인데 아이가 엄마라면 벽부터 쌓고 보는 것이 부모 입장에서는 섭섭하기만 하다.

아이의 미래에까지 손을 뻗는 학부모의 태도를 누군가는 비난할 수도 있다. 사람이 자신을 위한 시간과 여유도 있어야지, 언제나 공부하는 기계처럼 살 수는 없지 않나 의문도 든다. 하지만 학부모들은 아이에게 이 시기만 무사히 지나면 누릴 수 있는 충분한 자유가 있을 거라고 경험적으로 믿는다. 비가 오면 짚신 장수 아들이 걱정이고, 해가 뜨면 우산 장수 아들이 걱정인 게 부모 마음이랬다. 학부모의 고민에는 뾰족한 해답이 없다. 실제로 너무 공부만 하는 아이의 학부모는 "애가 쉴 줄 모르고, 공부하느라 잠도 못 자고, 또래 친구들과 어울릴 줄 몰라서 걱정."이라고 말한다. 그러다 보니 나는 상담 주간 때마다 제대로 해답을 내린 게 없다. 다만 아이가 겪는 '사춘기'가 아이의 '자아 성장'임을, 내 가정, 나 혼자만 겪는 문제가 아니라는 것을 공유할 수 있다면 학부모의 마음이 조금은 편해질 수 있으리라 생각해 본다.

06

『엄마의 말뚝』에
눈물 흘리던
내 학생들에게

그날 학원 칠판에는 국화꽃과 노란 리본이 그려져 있었다.
노란 리본을 달고 노란 밴드를 낀 아이들.
스스로 추모하는 모습에 마음이 뭉클했다.

칠판에 하얀 국화꽃과 노란 리본이 그려져 있
었다. 'Remember 0416', '잊지 않을게.', '미안해⋯⋯.' 같은 글귀가
보였다. 대다수 아이들이 가슴에 노란 리본으로 만든 배지를 달거나
팔목에 노란 밴드를 끼고 앉아 있었다. 누구의 지시 없이 아이들이 자
발적으로 행한 일이다. 예상도 못했다. 여기는 학원인데! 학원에는 학
교처럼 학생들을 대변하고 단결을 이끌 수 있는 학급 반장이나 학생
회장이 없다. 그런데도 아이들은 너나없이 칠판에 자신들의 마음을
새겨 놓았다. 칠판을 쓱쓱 지우지 못했다. 중간고사 대비 기간이라 진
도가 빠듯했지만 강의를 바로 진행할 수도 없었다.

마침 박완서의 소설 『엄마의 말뚝』을 가르치는 날이었다. 소설 속
의 '엄마'가 자식을 잃은 슬픔은 절대 회복될 수 없다고 설명할 때, 한
여학생이 눈물을 뚝뚝 떨어뜨렸다. 주변 친구들은 "왜 우냐?"라고 한
소리씩 했지만 같은 마음을 공유하고 있었다. 세월호 희생자들을 '어

묵'이라고 키득대다가 나와 크게 충돌했던 남학생도 노란 팔찌를 차고 왔다. 아이는 처음에는 "학교 애들이 교문 앞에서 나눠 줘서 받았어요."라며 대수롭지 않게 굴었다. 하지만 이내 "알면서 왜 그래요?"라며 속내를 드러냈다. 국회 앞까지 걸어왔던 생존 학생들을 보며 "특례 입학 받는데 왜 저러느냐?"고 비아냥대던 소년이 남을 위해 눈물을 흘릴 줄 아는 사람으로 성장한 것이다. 누가 가르치지 않아도 아이들은 추모를 했다.

학생들은 주변을 잘 돌아보지 못한다. 벚꽃이 피던 4월, 꽃구경 한번 가지 못했던 아이들이 태반이었다. 수업 중에 "안양천에 꽃 폈다."라고 전해 줘도 "이거 끝나면 수학 가야 해요."라는 목소리가 먼저 튀어나올 만큼 공부 외의 것을 포기하는 데 익숙하다. 수학여행을 다녀와서도 밀린 학원 숙제 때문에 스트레스를 받는다. 스트레스만 받고 과제를 해 오지 않는 아이들도 있지만, 아무도 마음 편히 쉴 수는 없다. 자기 자신을 돌아보지 못할 만큼 바쁜 것이다. 그러다 보니 남의 아픔까지는 구체적으로 상상할 여유가 없다. 이랬던 아이들이 1년 사이 성장해 '세월호'에 감응하고, 또래의 일을 민감하게 받아들이게 됐다. 아이들은 해가 다르게 커 나간다.

이제 막 생기기 시작한 세상에 대한 호기심에 아이들은 여러 질문을 던진다. 사회 문제에 관심 많은 몇몇은 서울 광화문을 빙 두른 경찰 버스 사진을 내게 보여 주며 "선생님, 이거 봤어요?"라고 물었다. "사람이 많이 모였을 때는 질서 유지를 위해서 경찰력이 필요하다."라고 교과서적인 설명을 하는 내게 "아니죠, 어른들이 뭔가 켕기는 게 있나 보죠."라고 날선 어조로 쏘아붙이는 학생이 있었다. 어떤 아이들은 "왜 (추모가 아닌) 집회를 계속하는 거예요?"라고 궁금해했고, 또 다른 아이들은 "세월호를 희생자도 아닌 사람들이 이용하는 것 같다."라고 불편해했다. "이제는 잊자."고 하는 어른과 "아직은 잊을 수 없다."고 하는 어른이 있는 것처럼 아이들도 제 나름의 논리를 가지고 판단했다. 아이들의 궁금증은 삐져 나왔고, 아이들은 주변 어른에게 대답을 요청했다.

아이들의 질문에 무어라고 답해야 할까

시험 기간이니 공부하자는 말로 아이들의 질문을 얼버무릴 수는 없었다. 지금 아이들이 보고 느끼는 사회가 훗날 우리 사회의 방향성을 결정한다고 믿기 때문이다. 편향되지 않게 교육하는 것이 과연 가능할까. 나 스스로 검열하고 침묵하는 편이 오히려 낫지 않을까. 여전히 헷갈린다. 객관적인 정황만을 전달하면 아무 대답도 하지 않는 것과 같고, 보편적이라고 생각되는 입장을 취하다 보면 내게만 익숙한 가치관을 주입하는 것일 수 있어서 조심스럽다. 그래도 아이들에게 대답을 해야 한다. 아이들이 가치관을 정립하고 스스로 생각하는 힘을 기를 수 있도록 다양한 정보를 주는 것 역시 교육이기 때문이다. 덮어놓고 쉬쉬하기보다는 아이들이 자연스럽게 생각을 확장할 수 있게끔, 아이들이 성장하는 만큼 사회가 발맞춰 변화해 가는 모습을 보았으면 한다.

시간도 돈도
내가 더 많이
들였다고?

수능 점수로 사람의 가치를 매기고 '수시충'이라는
이름을 붙여 선을 긋는다. 수능 등급이 그 사람의 '급'이 아님을
알려 주고 싶지만 쉽지 않다.

대입 수시 원서 접수 철이다. 예체능 실기로 대학에 진학하는 아이들을 논외로 하면, 학생들이 지원 가능한 전형에는 학생부 교과, 학생부 종합, 논술 전형이 있다. 하지만 모의고사에서 한 과목 1등급을 받는 학생들이 못해도 전교생의 10%를 차지하는 학교에 다니는 재학생들이 수시에서 좋은 결과를 얻기란 쉽지 않다. 아이들이 볼멘소리를 내는 까닭이다.

"대학 탐방에서 만난 지방 애는 정시가 3등급인데, 내신이 1.3등급교과목 평균을 내면 1.1~1.7까지는 보통 서울에 있는 대학 진학이 가능하다이라 저랑 같은 대학을 지원한대요. 이게 말이 돼요?", "논술 학원에서 다른 학교 애들을 만났거든요? 모의고사 두 과목 합이 5등급이라는데, 그건 최저만 겨우 맞춘 거잖아요. 우리는 이렇게 아등바등 내신 치르고 정시 챙기며 생고생해도 수시 떨어지는데, 개네가 더 좋은 대학 쓴다니까 짜증나요."

2016년 '인(in) 서울' 대학의 수시 모집 인원은 70%에 달한다. 정시로 들어갈 수 있는 폭이 줄어든 만큼 아이들이 느끼는 압박감은 크다. 아무리 열심히 해도 최상위권 아이들의 두꺼운 벽에 막혀 내신 점수도 그만그만하고 정시 등급도 애매해진 아이가, 내신 점수를 잘 관리하면서 최저 등급만 맞춰 대학에 진학하는 아이를 만났으니 상대적 박탈감을 느낄 수도 있다. 아이들의 날선 발언은 특정 집단에 대한 적대감으로 번지기도 한다. "어쨌든 정시 등급이 저보다 낮잖아요?", "'수시충들' 덕분에 저희는 수능 특기자 전형으로 입학하는 거죠."

"남이 기울인 노력의 양을 네가 함부로 측정해서는 안 된다."고 조언해 봐야 당장 자신의 상황이 답답하고 초조한 아이에게는 뜬구름 잡는 소리일 뿐이다. 아이들은 '자신보다 실력이 낮은 애가 자기보다 좋은 것을 가져간다.'고 생각한다. 수시 모집 때마다 반복되는 이런 일들은 아이에게 무엇을 어떻게 설명해 줘야 할지 난감하게 만든다. 등급이 낮다는 것이 노력을 덜한 게 아니라고 말해 주고 싶다. 사교육에 돈을 쏟아 부으며 만들어 낸 너의 점수와, 다시 추가로 자원을 투입해 논술과 자기소개서 준비를 할 수 있는 너의 현재가 누군가에게는 노력으로도 따라올 수 없는 격차였을지도 모른다는 사실도 가르쳐 주고 싶다. 하지만 이 역시 아이에게는 '그들'을 깔보는 근거일 뿐이다.

아이들은 수능 점수로 사람의 가치를 매긴다. 자신보다 점수가 낮은 아이들이 수시를 노린다고 하면 '수시충'이라는 이름을 붙여서 선을 긋는다. 아이들에게 수능 등급이 사람의 급을 대변하지 않는다고 알려 주고 싶다. 두 과목의 합이 5등급이어도 그 사람이 5등급짜리 사람은 아니며, '충蟲'이라는 말을 붙여서 무시해서는 안 된다고 말이다. 하지만 당장 한 자리를 두고 싸우는 아이들에게는 와 닿지 않는 말일 것이다. 치열한 경쟁 아래서 타인의 노력을 인정하기란 쉽지 않다.

논술, 면접, 자기소개서 등 챙길 것이 많은 만큼 수시 전형이 오히려 사교육을 많이 받는 아이들에게 유리하다는 말이 있다. 일면 그렇게도 보이지만, 제도가 없을 때도 일부에게 유리한 상황은 다르지 않았다. 다만 수시 전형의 확대는 성적으로 서열화되어 온 기존 대학을 다양한 성장 배경을 지닌 학생들이 함께하는 곳으로 변화시키고 있다. 또한 굳건했던 서열의 경계를 흐릿하게 바꿔 나가고 있다. 작은 시작이지만, 아이들이 향후에 만나게 될 사회 역시 다양한 구성원으로 이뤄져 있다는 점을 생각해 보면 입시 전형의 다양화는 환영해야 할 일이다.

학벌 하나 획득하기 위해 아등바등 보낸 3년

하지만 당사자인 아이들은 이 변화가 달갑지만은 않다. '지균충', '기균충'이라는 용어만 봐도 그렇다. 지역 균형 전형, 기회 균등 선발 등 사회적 약자를 배려하는 전형은 애초에 정원 배당량이 다르고, 극소수밖에 들어갈 수 없다. 그들만의 치열한 경쟁이 있지만 그 노력은 용인되지 않는다. 결과적으로 자신이 더 열심히 살았다고 믿기 때문에, 아이들은 자신의 노력에 대한 보상이 공평하게 주어지지 않았다고 느낀다. 해소되지 않은 분노가 그들을 향하는 것이다.

'차라리 정시만으로 대학 가는 게 낫다.'는 아이들의 말은 이런 맥락에서 나온다. 똑같은 기준으로 동등하게 평가받겠다는 것이다. 학벌 하나를 획득하기 위해 아등바등 3년을 살아온 아이들이다. 아이들이 보이는 적대감을 비난만 할 수는 없다. 그렇다고 사교육의 영향력이 센 지역에서만 높은 학벌을 독점할 수도 없다. 출발점이 다르니 평가 방식도 다원화되어야 한다는 당위성을 아이들에게 어떻게 설득할 수 있을지는 모르겠다. 수시 모집 정원 확대에 대한 논란도 이 지점에서 시작된다. 일각에서는 가진 아이들이 더 대학을 잘 가게 하는 제도라고 비난하지만, 막상 다 가진 애들도 수시 등급에서 밀린다고 벌벌 떨며 수시를 반대하는 목소리에 한몫 보태는 지점 말이다.

'나도 때릴까……'
학생을 향해
흔들리는 순간들

매 맞는 아이를 보면서 다른 아이들이 느낄 두려움은 효과를
발휘할 것이다. 강압적 규칙을 세우면 학생 관리는 쉬워진다.
하지만 그게 전부는 아니다.

며칠 전, 2년 넘게 가르친 학생과 다퉜다. 수업
에 빠진다기에 결석 사유를 물은 것이 발단이었다. 아이는 수학 숙제
를 안 해 갔다가 수학 학원에서 집에 못 가게 하기 때문에 내 수업에
못 나온다고 했다. 평소 같으면 화낼 일은 아니었다. 학생들은 방학
중에 격일로 오전 10시~오후 10시에 영어나 수학 몰입 교육을 받고
있고 국어, 영어, 수학, 과학 네 과목의 학원을 돌다 보면 어느 과목에
서든 과제를 누락하는 일이 생긴다. 게다가 이과 학생이 수학에 목매
는 사정을 모르는 것도 아니기에 눈감아 줄 수도 있는 일이었다.

그런데 그날은 그러지 못했다. 끝나고 와서 놓친 수업을 다 듣고 가
라며 아이에게 으름장을 놓았다. 물리적 시간이 없다는 것을 뻔히 알
면서도 모르는 척, 네가 할 일을 미룬 것이니 어떤 방식으로든 책임을
질 것을 요구했다. 결국 아이가 울음을 터뜨렸다. "정말 죄송해요.
어떻게 할 방법이 없어요. 죄송해요. 앞으로 잘할게요."

그날은 과제 수행률을 집계해 본 날이었다. 한 달 통틀어 50%를 겨우 넘었다. 학원 과제는 학교처럼 수행 평가에 반영되는 것도 아니고, 안 해 간다고 별다른 제재가 있는 것도 아니니, 그럴 수밖에 없다. 아이들은 "급한 숙제부터 하다 보면 자꾸 순서가 밀려요."라고 말한다. 급한 숙제란, 안 했을 때 강제 조치가 따르는 학원의 과제를 의미한다. 아이들은 "그 학원은 과제 안 하면 수업에 안 들여보내요.", "못 푼 문제 수대로 때려요.", "두 번 이상 안 해 가면 학원에서 잘려요." 따위 사연을 토로했다.

강압적 규칙을 세우면 과제 관리는 쉬워진다. 매를 맞는 아이를 보면서 다른 아이들이 느낄 두려움은 효과를 발휘할 것이다. 수업에 못 들어오는 불이익 역시 아이의 오기를 자극할 것이다. 100명 가까운 학생들 앞에서 내쫓기는 아이가 느낄 치욕스러움은 상상하기 어렵지 않다. 게다가 과제를 하는 시간만큼은 자기 스스로 공부를 하는 것이니 성적도 오를 것이다. 동기야 어찌됐든, 아이들은 성적 때문에 학원에 오는 것이니 그렇게 결과를 내어 주는 것이 어쩌면 강사가 해야 할 일인지도 모른다.

하지만 이것은 아이를 겁박하는 것과 다르지 않다. 이런 식으로 과제를 해내면 당장의 결과 외에는 얻을 수 있는 것이 없다. 굳이 따져 보자면 강사 개인의 학생 관리가 수월해지기는 할 것이다. 하지만 아이가 문제를 푸는 이유를 생각할 여유조차 없이 '수행' 자체에 의미를 둔다면 아무 결과도 가져다줄 수 없다. 압박만 남은 공부에서 아이들이 즐거움과 호기심을 느끼기는 쉽지 않기 때문이다. 또한 수능은 장기전이다. 부정적 감정이 3년이라는 시간 내내 효과를 발휘할 리 없다. "몇 대 맞고 말죠."라며 과제 수행 자체를 포기하는 학생들은 더 큰 자극이 오지 않는 이상 공부를 재개할 리 없다.

참으면 호구 잡힌다고? 믿고 싶지 않다

결국 다시 애초에 하던 대로 '동기 부여'에만 초점을 맞춰 본다. 다 큰 아이들이니 말로 하면 충분히 깨달을 수 있을 것이라 믿고, 진심을 다해 각본을 만든다. 부글부글 끓는 마음을 누르며 과제를 안 해 온 학생들을 몇 번이고 타일러 본다. 하지만 그렇게 어르고 달랜 결과물은 51%. 학부모 상담 전화를 돌리는데, 엄마에게 학생이 "이 학원은 과제를 안 해가도 되는 학원이야. 안 혼나."라고 맹랑한 소리를 했다 한다. 화가 폭발한다. '참을 인忍' 자 세 번이면 살인을 면하는 게 아니라 호구를 잡는다더니, 내가 딱 그 꼴이 된 것 같다.

학부모에게 "애가 학원을 다니더니 재미있다고 집에서 숙제를 열심히 한다."라는 이야기를 들으면 참 보람차다. '공부가 의외로 재미있어서' 학원 다닐 맛이 난다는 아이들이 늘어날 때마다 나는 내가 하는 방식이 옳다고 믿는다. 하지만 강압적으로 해야 하는 타 학원 과제에 내 과제의 우선순위가 밀리는 일은 이보다 훨씬 많다. 그럴 때마다 흔들린다. 한 대 때릴까 싶어 등짝 위로 손이 올라가다 만 적도 있다. 할 수 있는 거라고는 "엄마한테 절대 말하지 말아 달라."며 바짓가랑이를 잡는 아이들을 뿌리치며 "어머니, 아이 과제가 덜 되어 있네요."라고 일러바치는 일이다.

하지만 이것도 주체가 학원에서 엄마로 바뀌었을 뿐, 아이에게 억압적이기는 마찬가지다. 내 손으로 때리지만 않을 뿐이지, 집에서 어떤 일이 일어나는지 누가 알겠는가. 어쩌면 나는 '꽃으로라도 때려야' 하는 내 임무를 남에게 전가하고 있는 것은 아닐지 근심스럽다.

EBS 교재는
'금과옥조'가
아니다

고3에게는 EBS 문제 풀이 외에 별다른 교육이 이뤄지지 않는다.
수능 연계율이 70%나 되기 때문이다.
EBS에 의한, EBS만을 위한 교육뿐이다.

고등학교에 입학하자마자 EBS 교재를 들고 오는 학생들이 있다. 올해 고3 교재를 고1 때부터 공부하면 수능에서 조금이라도 덕을 볼 수 있을 것이란 기대 때문이다. 수능이 EBS 교재와 70% 연계되므로 문제 은행으로 쓰겠다는 것이다. 그런 아이들에게 고1 때는 과목별 기초 개념을 쌓아야 하고, 어휘 수준도 차근차근 높여가는 것이 좋다고 권해 본다. 하지만 고1 교육 과정에 알맞은 공부를 하라는 말은 아이들에게 '직접 갈 수 있는 길을 두고 돌아가라는 것'으로 들린다. 수능에 직접 관련되는 교재로만 공부하는 것이 효율적이라고 여기는 것이다. 자신이 받아야 할 교육 과정은 아이들의 안중에 없다.

시기의 차이는 있지만 고등학생 대부분이 고3이 되면 교육 과정의 통제에서 벗어난다. 입시 과목 외에는 정상적인 수업이 이뤄지지도 않고, 입시 과목조차 학교와 학원 모두 교과서를 쓰지 않는다. 교과서는 교육이 요구하는 목표를 가장 충실히 구현해 놓았지만, 대금만 지불하고 책상 속에 처박기 일쑤다. 연계율이 70%에 달하는 상황에서 EBS가 아닌 다른 교과서를 가르치는 일은 교사에게도 부담이고, 학부모와 학생 누구도 원하지 않는다. 결국 고3에게는 1년 내내 EBS 문제 풀이 외에는 별다른 교육이 이뤄지지 않는다. '이것만 공부하면 대학에 갈 수 있다.'는 유혹 앞에서 학생이 받아야 하는 교육 과정을 운용하는 것은 이상적인 이야기일 뿐이다.

그렇다면 EBS 교재를 열심히 공부하면 원하는 대학에 갈 수 있을까? 교육 시스템이 요구하는 교육 수준을 다 포기하는 것인데, 그를 상쇄할 결과는 있어야 할 것이다. 그러나 이 질문에 학원 강사들은 고개를 젓는다.

첫째, EBS 교재는 우수한 보조재일 뿐 절대적인 '금과옥조'가 아니다. 이것만 따라가려 해서는 수능이 요구하는 문제 해결력을 기를 수가 없다. 수능은 암기로는 해결할 수 없는 시험이다. 폭넓은 사고력과 이해력을 바탕으로 문제를 풀어야만 한다. 그러나 지정된 시험 범위만 소화하면 된다는 환상은 아이들의 공부 습관을 앗아 간다. 이것만 하면 되는데 굳이 무엇인가를 더 공부할 필요가 없다고 생각하기 때문이다. EBS 교재가 오히려 공부 의욕이 줄이는 셈이다. 예전에는 모의고사도 찾아 풀고, 시중 문제집도 찾아보던 아이들은 점점 EBS 외에는 아무것도 보지 않으려고 한다. 응용력과 이해하는 힘을 기르는 것보다 암기에 목을 매는 것이다.

둘째, EBS의 분량과 난이도를 따라가지 못하는 학생들도 많다.

EBS 교재는 1월부터 9월까지 과목별로 한두 달에 한 번씩 쏟아져 나온다. 많은 양의 교재를 진도에 맞춰 소화하다 보면 고등학교 2년간 열심히 하지 않은 학생일수록, 혹은 열심히 했는데도 이해력이 부족해서 못 따라오는 학생일수록 교실에서 무력감에 빠지는 경우가 늘어난다. 고3은 수능이 당장 300일, 200일 단위로 남은 상황이다. 이에 쫓기는 아이들은 '암기만 해도 절반 이상 맞을' 것이라는 환상 속에서 교재를 풀기에만 급급해진다. 악순환만 반복될 뿐이다.

물론 이 모든 것이 EBS 탓만은 아닐 것이다. 따져보면 이것이 없던 과거에도 고3 교실은 별다른 교육이 이뤄지지 않았다. 수능이라는 고교 생활의 끝판 왕 앞에서 고3에게 정상적인 교육 과정을 운용하는 것은 현실적이지 않은 소리다. 과거에는 '고3이면 혼자서 공부를 알아서 하겠지.'라는 기대 속에 고3 내내 자습만 시키는 식으로 학생을 방치하는 경우도 종종 있었다. 그에 비해 EBS 교재는 뭘 해야 할지 모르는 아이들에게 방향을 알려 주니 이보다 든든한 동반자는 없을 것이다. 게다가 사교육의 혜택이 막힌 지역에는 교육 격차의 완화를 가져다 줄 것이며, 스스로 공부할 줄 아는 아이들에게는 좋은 학습 보조재가 될 것이다.

다만 쏟아져 나오는 EBS 교재의 분량과 그것으로 모든 공부를 대신하려고 하는 상황은 짚어 보고 싶다. 가르치는 입장에서는 EBS 교재만 외우려고 하는 학생이나 그 교재를 소화하지 못해서 멍하니 앉아 있는 아이나 똑같이 염려된다. 개인에게 맞는 해결책을 선사하기 위해서는 고3 선생들의 무한한 열정과 희생만이 필요해진다. 1년간

이 교재를 '제대로' 소화하는 수준으로 끌어올리기 위해서 선생들은 감당할 수 없는 업무량을 감당해 내야만 한다. 이 과정에서 그들이 떠안아야 할 희생을 때로는 너무 당연하게, 업무 능력인 양 요구하는 일도 생긴다. 또한 학교에서 그것이 충족되지 않았을 때, 부모의 재력을 사교육에 과하게 쏟아붓는 일도 발생한다. 학원의 유명 강사를 개인적으로 고용하는 것이다. 실제로는 정해진 범위로 시험을 치르는 것이 아니지만, EBS만 어떻게든 해내면 된다는 착각은 돈을 얼마든지 투자하면 그것을 해낼 수 있을 거란 확신으로 번지기 때문이다.

각종 참고서들이 'EBS스러운' 이유

한편으로 EBS 교재가 절대적 지위를 차지하면서 시중의 참고서는 질적 하락을 거듭하고 있다. EBS 교재 역시 몇몇 교수와 교사가 만드는 만큼 절대적인 것이 아닌데도, 문제집 대부분이 이 교재의 연계 문제에서 크게 벗어나지 못한다. 새로운 논리력을 요구해서 깊이 사고하도록 만드는 문제도 분명 수능에 출제될 텐데 대부분은 '어떤 지문'을 뽑아서 문제를 낼지 고민하는 과정을 생략하고, EBS와 같은 지문에서 '문제만' 바꾸어 낸다.

그러다 보니 종종 2005년에 쓰인 모의고사 문제가 2014년 EBS에 형태만 바뀌어 다시 나오고, 2010년에 쓰인 EBS 문제가 시중에 나온 여러 문제집에서 반복되곤 한다. 서로가 서로의 문제를 복사하며 참고서 시장은 양적으로 팽창하고 있을 뿐, 질적 향상은 이뤄지지 않는다. 학생이 지금까지와는 다른 방식으로 접근해 보고자 해도 그것을 도와 줄 원천이 될 교재가 없는 상황을 초래하는 것이다.

학원가도 마찬가지다. EBS 교재의 연계율이 높아진 이후, 학원가는 EBS와 유사하거나 그것을 뛰어넘는 문제를 만들어 내는 데에 심혈을 기울여 왔다. 연구소를 갖추고, EBS와 수능 기출 문제를 적절히 연계한 문제들을 양산해 내는 강사는 그야말로 대박이 난다. 만약 학원에서 질이 안 좋은 문제집을 받았어도, 아예 다른 문제집을 공부하는 것보다는 그것이라도 푸는 게 아이들이 '범위가 정해진' 시험에 대비하는 손쉬운 방법이 될 것이다. 참고서나 학원이라는 학습 보조 수단이 아이 실력 향상에 기여할 수 없게 되는 것이다. EBS만 따라가는 구조는 그것을 넘어서는 수준의 교육을 요구하지 않는다.

대입에서 살아남아야 하는 고3에게 정상적인 교육 과정이 이뤄지지 않은지는 오래다. 하지만 그 빈자리에 오로지 EBS에 의한, EBS만을 위한 교육이 이루어지는 상황을 교육이 계속 권장할 것인지는 고민해 봐야 한다. EBS 교재는 대입에서 살아남기 위해 꼭 봐야 하는 교재이다. 하지만 모든 공부가 그렇듯 사고하는 힘을 기르지 않으면 실력 향상은 어렵다. '이것만 하면 대학에 갈 수 있다.'는 환상은 아이들에게 독이 되기도 한다.

한두 문제 사이에
1만 명이
'끼어' 있다

수시 선발이 확대되면서 수능으로 줄 세우기가 완화되었다지만
효과는 그다지 없었다. 결과가 모든 것을 말해 주는 세계에서
나는 위로조차 선뜻 건넬 수 없었다.

'챙겨야 할 게 너무 많은' 단기 레이스를 쉴 새 없이 달려온 후, 고3이 되면 다시 수능 경쟁에 던져진다. 학생들은 고2 때까지 지필 고사와 수행 평가는 물론이고 학기마다 학생회, 체육 대회, 영어 캠프, 과학 체험 동아리 등으로 생활기록부를 채우기 위해 애쓴다. 수시 선발이 정원의 70%여서 수능 성적으로 이뤄지던 줄 세우기가 완화되었다고들 하지만 아이들이 가고 싶어 하는 대학교에서는 대부분 수능 최저 등급을 내세운다. 이 제도는 정시로 121(국·영·수 등급)이 나오는 학생이 111로 갈 수 있는 대학에 지원할 수 있게 했다. 그러나 견고했던 '인 서울' 대학 서열에 작은 변화가 일어난 정도였다. 학벌 줄 세우기가 완화된 것도, 인 서울 대학의 카르텔이 완화된 것도 아니었다. 다양한 인재를 키우겠다던 수시 전형은 몇몇의 특별한 사례를 제외하면 효과를 거두지 못했다.

아이들의 목표는 해가 바뀌어도 항상 같다. 집안 사람들이 모두 서울대를 나왔기 때문에 서울 의대가 아니면 의미가 없다며 자신을 몰아붙이는 최상위권 학생부터 "스카이 서울대, 고대, 연대가 아니면 안 돼요.", "적어도 성균관대까지는 가야 해요." 등등. 대학이 많아서 문제라지만 아이들의 선택지는 사실상 인 서울 하나다. 앞서 말했듯 그에 도달하는 방법도 사실상 하나다. 원하는 것을 모두가 얻을 수는 없는 상황에서 교실은 급격히 말수를 잃는다. 열심히 해도 안 되는 낙오자가 반드시 생기기 때문이다.

수시를 통해 전교 24등까지 목표한 대학에 갈 수 있다면, 반드시 떨어져야만 하는 25등인 학생이 있다. 정시도 마찬가지다. 국어영역(B형) 원점수 4점(EBS 추정치) 차이에 누적된 인원이 1만 명에 이르렀던 적도 있다. 두 문제에 1만 명이다. 이들에게 노력이 부족했다거나 절박함의 크기가 달랐다고는 말할 수 없다. 그러나 한두 문제 사이에 1만 명이 끼어 있는 치열한 경쟁은 아이들에게 변명거리조차 되지 못한다. 너무 좁은 문이라 해도 누군가는 문을 열기 때문이다.

그 안에 들어설 수 있는 점수를 내지 못한 것은 오로지 자기 탓이 된다. 그래서 고3들은 '너무 늦게 정신을 차렸다.'며 자책하고, '그동안 들어간 돈이 얼만데 이것밖에 안 돼서 한심하다.'고 좌절하며 하루하루를 보낸다. 모의고사 점수가 만족스럽지 못해 가족에게 심한 말을 들어도 아이들은 '내가 못한 것이니 욕먹어도 어쩔 수 없다.'라며 폭언을 견뎌 낸다. 자신의 실력이 안 되어도 목표를 버릴 수 없는 1년은 아이에게 지옥이 된다. 대학이 인생의 목표가 되어서는 안 된다고들 하지만 아이들은 그 외의 생존 방식을 모른다.

수능 점수를 '나'의 잘못으로 돌리는 아이들

한 재수생은 매달 치르는 모의고사에서 점수가 높게 나와도 울고, 그대로여도 울고, 낮아도 울었다. 다음 시험에서는 이 점수보다 떨어질까 봐, 노력해도 오르지 않는 점수 때문에, 열심히 했는데도 떨어져서 운다고 했다. 수능을 한 달 앞두고 감정 기복이 심해져 매주 모의고사 점수가 20점 이상 요동치던 학생도 있었다. 그러나 결과가 모든 것을 말해 주는 세계에서 아이들에게 "좀 더 열심히 하자."는 말 외에는 어떤 말도 할 수가 없었다. 열심히 했지만 낙오해 버리면 "열심히 하지 않아서."라는 자책이 아이가 품게 될 유일한 이유이기에.

누군가는 말한다. 아이들에게 '입시 이외의 삶'을 보여 주지 못하는 교육은 죽은 것이라고. 또 누군가는 말한다. "성적으로 아이들을 몰아붙이는 것은 잘못됐다."고. 다 맞는 얘기다. 그러나 학벌이 미래의 예상 소득까지 결정하는 세상에서 고3에게 "대학이 아닌 너의 꿈을 찾아라."고 말할 수 있는 선생은 거의 없다. 그 아이의 인생을 책임질 수도 없으면서 헛바람을 넣을 수는 없기 때문이다. 발버둥치는 아이들을 보는 애잔한 마음이야 누군들 다르겠느냐마는, 어떻게든 탈락자가 생길 수밖에 없는 구조를 불 보듯 뻔히 알기 때문에 위로조차 선뜻 건넬 수 없다. 고2의 마지막 기말고사가 끝나고, 고3이라는 고인물에 아이들은 다시 뛰어들 것이다. 나는 이곳에서 허우적댈 아이들에게 지금까지처럼 어떤 위로도, 다른 미래도 보여 줄 수 없을 것이다.

11

비슷한 고민을
하고 있다면……
꼭 좀 믿어 줄래?

따돌림은 어떻게든 생기고 성적은 자존감까지 잡아먹는다.
삶을 포기한 10대를 두고 "공부는 잘했나요?"라고 사람들이 묻는다.
자책감이 밀려왔다.

그날도 평소처럼 출석을 불렀다. 한 학생의 대답이 없었다. 교실을 둘러봤다. 이름의 주인이 보이지 않았다. "애가 웬일로 늦지?" 여자아이가 울음을 터뜨렸다. 그 애가 죽었다고 했다. 교실이 술렁였다. 자살이었다.

처음은 아니었다. 자주는 아니지만 그렇다고 아주 없지도 않았다. 하지만 어디까지나 남의 교실 이야기였다. 내 교실에서 그런 일을 겪게 될 거라는 생각은 해 본 적이 없다. 다수의 외면에 힘들어하던 아이 모습이 떠올랐다. 나의 심리적 동요가 학급 학생들에게 상처로 남을까 봐 나는 말을 할 수 없었다. 어떤 내용을 말하는지도 모르는 채 수업에 매달렸다.

복도는 아이들로 뒤엉켜 있었다. 소식을 전해 들은 아이들은 크고 작은 목소리로 소문을 확산시켰다. 나와 눈이 마주친 몇몇은 "선생님, 걔 공부 잘해요?"라며 질문을 던졌다. 왜 그게 궁금하냐고 물었다. 그냥 궁금하다고 했다. 나는 그것을 호기심에서 마땅히 할 수 있는 질문으로 여겨야 할지, 아니면 또래의 죽음 앞에서도 본인 궁금한 것만 묻는 모습을 혼내야 할지 알 수 없었다. 하지만 만약 내가 죽었는데 내 직장 동료가 나의 사인보다 유능함에 대해 먼저 궁금해한다면, 배신감이 들 것 같았다.

몇몇 아이는 학원 수업을 빠지고 엄마 몰래 장례식장에 가겠다고 했다. 부모님 허락을 받아야 한다는 내 말에 아이들은 "엄마가 공부 못하는 애라고 친하게 지내는 걸 좋아하지 않으셨어요. 그런 아이의 장례식까지 가는 걸 알면 허락 안 하실 것 같은데, 선생님께서 한번만 모른 척해 주시면 안 돼요?"라고 애원했다. 부모님이 허락하지 않더라도 그런 이유는 아닐 것임을 설득해야 했다. "선생님이 모르셔서 그래요. 우리 엄마는 그런 사람이에요." 완강히 우기는 아이들 손에 억지로 전화기를 쥐어 주었다. 통화를 마친 아이들은 모두 각자의 사정으로 장례식에 가지 않았다. 하지만 부모들이 열거한 이유 중 본인들이 걱정했던 '공부 못하는 친구'라는 항목은 없었다. 당연한 결과였지만 아이들은 그것을 몰랐다.

덜 슬픈 죽음과 더 슬픈 죽음이 있는 걸까

기어이 가겠다고 고집을 피우던 한 아이를 억지로 강의실에 앉혔다. 아이는 수업을 전혀 듣지 못했다. 울음을 참느라 컥컥댔고, 화장실을 들락날락했다. 나는 아이를 혼자 둘 수도, 수업을 중단할 수도 없었다. 수업 종료 후 제 풀에 지친 아이는 말했다. "다 싫어요. 어제까지 욕하고 무시하던 애들이 울면서 좋은 데 가라고 하는 것도 싫고, 페이스북SNS의 한 종류에 그동안 미안했다고 글 써 놓는 것도 싫어요. 걔 살아 있을 때도 엄마랑 애들 눈치 보느라 친하게 지내지도 못했는데, 장례식도 못 가면 제가 너무 비겁해지는 것 같아서……."

이제는 주인 없는 이름이 된 그 아이의 SNS를 둘러봤다. 댓글 창에는 추모 글이 계속 올라오고 있었다. 생전에는 단체 카톡방스마트폰 메신저의 단체 채팅방에 혼자 남아서 자신에게 던져진 수백 개의 욕을 읽어야 했던 외로운 아이였다. 죽음이 실감 났다. 어른인 내가 어린 그 아이에게 더 나은 미래에 대한 확신을 심어 주지 못했기 때문에 이런 일이 발생한 것만 같았다. 손을 내밀었던 방법이 잘못됐던 것은 아닌지 자책감이 밀려왔다. "공부는 잘하던 애인가요?" 아이 어른 할 것 없이 하루 종일 가장 많이 던지던 이 질문도 머리에 맴돌았다. 만약 이 아이가 공부를 못하고 문제 행동을 하던 아이라면, 조금 덜 슬퍼해도 된다고 생각해 이런 질문을 했을까. 반대로 공부를 잘하고 수재 소리를 듣던 아이라면, 유망한 미래가 꺾인 것을 더 크게 애도하려고 그랬던 것일까.

오랜 시간이 흘렀다. 내 학생에게 다시는 그런 일이 없게 하려고 애쓰지만, 아이들이 이뤄 놓은 나름의 작은 사회가 내 마음대로 움직일 리 없다. 따돌림은 어떻게든 생기고 성적이 자존감까지 잡아먹는 사례는 늘어만 간다. 10대 학생이 삶을 포기했다는 소문도 잊힐 만하면 한 번씩 들려온다. 그럴 때마다 아이들에게 부디 지금의 상태로 미래의 너희를 판단하지 말아 달라고 당부하고 싶다.

그리고 혹시 비슷한 고민을 하는 학생이 있다면 꼭 좀 믿어 주었으면 좋겠다. 지금은 네 인생 전체 중 지극히 작은 일부분, 나이 먹고 돌아보면 기억도 안 날 어느 부분을 칠하고 있는 중이라는 것을. 한 가지 색깔로만 채워진 도화지보다 형형색색의 그림이 아름다운 것처럼, 많이 고통스러워도 이 그림을 계속 그려 나가다 보면 어느새 여러 색깔로 빛나는 미래에 도달할 수 있다는 것을.

낙오될까
따돌림당할까
불안한 교실

아이들은 내 희생이나 손해가 예상되면 극렬히 저항한다.
'나' 아니면 '남'인 세상에서
아이들이 살아가는 방식일지도 모른다.

"저 애 좀 이상한 것 같아요, 말 걸지 마세요."
"걔 학교에서도 왕따니까 가까이하지 마세요." 제 딴에는 선생님 걱
정이라고 찾아와서 이러는 아이들이 있다. 실연을 당했다고 하면 와
서 머리카락을 매만져 주고, 피곤해 보인다고 비타민제를 사 들고 오
는 상냥하기 그지 없는 아이들이다. 어디 하나 못된 구석이 없는 아이
들이 이럴 때는 꽤나 당황스럽다. 친구를 배척하는 데에 개인적인 원
한이 있는 것도 아니다. 그저 왕따와 가까이 하면 피해를 입을까 봐,
이상해 보이는 애와 함께 하면 자신도 이상한 취급을 받을까 봐 염려
하는 것이다.

일찍이 염상섭도 '하도 못생겼으면 가엾다가도 화가 나고 미운증
이 나는 법'이라고 하지 않던가(『만세전』). 아이들은 그 애가 따돌
림을 당하는 약자라는 이유만으로 미워할 수 있는지 모른다. 그래도
따돌림을 조장하는 것 같아서 듣기가 좋지 않다고 말하면 아이들은

수긍한다. 따돌림이 나쁘다는 것을 이미 알고 있기 때문이다. 하지만 같이 잘 지내보자고 설득하면 '그걸 왜 제가 해요?'라고 되묻는다. 미운 아이를 위해 자신이 총대를 멜 필요가 없다. 친구 목록에 그 아이가 없다고 아쉬울 것도 없다. 다른 아이들을 다독여 함께 하자고 말하면 오히려 자신이 피해를 입을 수 있다.

"학교 너무 싫어요, 저도 언젠가는 그렇게 될 수 있으니까요. 2학년이 되어서도 친구랑 둘이 꼭 같이 다니자고 약속했어요."라는 어느 여고생의 말처럼, 따돌림은 교실에 늘 도사리고 있고, 학교는 나 하나 살아남기도 힘든 곳이다. 무리에서 낙오되면 누구도 구해 주지 않는다. 이런 상황에서 군이 남을 위해 자신의 피해를 감수하고 그 상황에 뛰어들 이유는 없다. 결국 나 아닌 타인을 위해 마음 쓰기란 어렵다. 아이들에게 더불어 살아가기란 익숙하지 않다.

이 때문에 아이들은 학기 초마다 자기 집단을 만들기 위해 고군분투한다. 여전히 많은 학생이 자연스럽게 친구를 만들고 편안히 지내는 것 같다. 하지만 카톡방에서 낙오될까 봐 휴대전화를 손에서 놓지 못하고, 페이스북 그룹 페이지에 초대받지 못할까 봐 신경을 곤두세우며 적응해 가는 학생들 역시 늘고 있다. 공동체가 깨어진 곳에서 아이들은 '내 친구'를 만들지 못할까 봐 불안해 하고 있다. 교실 안이 '내 편'과 '남의 편'으로 나뉠 때, '내 편'이 있으면 따돌림도, 조별 과제도 아무 문제가 없기 때문이다.

하지만 '너'와 함께해야 하는 조별 과제는 아이들의 신경을 곤두서게 한다. 협력을 평가한다는 교사의 기준에는 불만이 쏟아져 나온다. '내 편' 안에서 안락을 찾던 아이들이 '남'과 부딪혀야 하니 얼마나 고통스럽겠나. 게다가 남을 위해 피해를 감수하는 것을 극도로 싫어하다 보니 조원 때문에 내가 희생당하는 상황이 생길까 봐 염려부터 한다. 이 때문에 자신에 비해 성적이 현저히 낮은 아이를 조에서 빼 달라고 요청하는 학생도 있고, 조별 과제이지만 우리 애는 혼자 할 능력이 있으니 혼자 하게 해 달라고 교무실로 찾아가는 학부모도 있다. '무서운 학원 선생님' 평계를 대고 조별 과제에 단 한 번도 참여하지 않고 자기 할 일만 챙기는 아이들도 비일비재하다. 거기에는 함께하기보다는 자기만 손해 보지 않겠다는 의지가 반영되어 있다.

또래 집단 안에서 불안을 학습하는 아이들

같이 사는 법을 모르는 아이들은 내 희생이나 손해가 예상되면 극렬히 저항한다. 안산 단원고 학생들이 '특례 입학'을 받을 수 있다는 얘기가 떠돌던 때였다. 한 고3 남학생은 "지들이 뭔데 그걸 받아가나!"며 역정을 냈다. 사실이 아니라고 설명을 해도, 언젠가는 그들로 인해 내 자리를 빼앗길 수도 있다는 불안감이 아이들을 사로잡았다. 연예인 특례 입학에 짜증을 내던 과거의 수험생들처럼, 농어촌 전형으로 입학한 아이들을 싫어하던 몇몇 대학생들처럼, 그들은 분노했다. 설령 특례 입학을 하더라도 일반 전형으로 입학할 너희들과 관계없다는 설명을 덧붙이고 나서야 불만이 수그러들었다. 비슷한 시기, 다른 지역의 한 고2 남학생은 세월호 침몰을 슬퍼하는 반 친구들에게 "(경쟁자가 줄었으니) 우리한테는 잘 된 일 아냐?"라고 물어

반 아이들을 아연실색하게 했다고 한다. 그것은 '나' 아니면 '남'인 세상에서 아이들이 살아가는 방식일지도 모른다. 그리고 그것은 훗날 남과 함께 하기를 포기한 아이들이 만들 세상일지도 모른다.

'놀고 있는'
내 아이가
불안하다면

> 학생들은 겉보기만큼 마음 편히 놀고 있지 않다.
> 아이가 만들어가는 일상을 존중하고
> 그곳에 지식을 조화시킬 방법을 궁리하는 게 필요하다.

아이돌 그룹을 따라다니는 여고생이 있다. 매일 서너 시간씩 가수의 영상, 음원 등을 보고 듣고, 콘서트가 있는 날에는 새벽 5시 30분부터 집을 나선다. 게임에 빠져 있는 남고생도 있다. 셧다운제16세 미만의 청소년에게 심야 시간의 인터넷 게임 제공을 제한하는 제도를 뚫고 새벽까지 게임을 하거나, 침대에서 휴대전화로 아프리카 TV 게임 중계 영상을 보다 잠이 든다. 만화에 빠져 있는 아이들은 또 어떤가. 포털 사이트 네다섯 곳을 순회하면서 웹툰을 챙기는 일이 가장 급한 일과다. "웹툰을 몇 개 보는지 세 본 적이 없는데요.", "나오는 건 다 봐요."라고 말하는 걸 보면 못해도 하루 세 시간쯤은 꼬박꼬박 투자하고 있는 듯하다. 학교 혹은 학원을 갔다 와서 이 정도의 시간을 투자하고 나면, 스스로 공부할 시간은 없다.

'방학이니까 풀어질 수도 있지.' 하며 학부모들은 참아 본다. "이것만 보고 공부할게요."라고 다음을 기약하는 자식을 믿어 본다. '저

것도 한때려니.' 여기며 관용을 베푼다. 하지만 새벽 두세 시가 되어서야 슬그머니 밀린 숙제를 하는 자녀들을 보면 결국 짜증이 난다. 책상 위에 떡하니 놓인, 펴 보지도 않은 과제물도 화를 돋운다. '왜 자기 인생을 낭비하는지', '하지 말라는 것이 아니라 할 일을 끝내고 놀라는 건데 왜 자기 관리를 못하는지' 골치를 앓는다. 이런 얘기를 하소연할 데도 없고 엄마가 하는 말은 다 잔소리로 들어서 자녀와 갈등만 커져 가던 어머니들은 개학하자마자 학교로, 학원으로 선생님을 찾아온다.

하지만 이 아이들이 공부의 중요성을 몰라서 그러는 것은 아니다. 아이들에게 수능 이후의 삶은 이미 누구보다 큰 환상과 두려움으로 덧칠되어 있다. 그렇기 때문에 놀면서도 불안해하고, 포기하면서도 초조해한다. 노력하지 않으면서 좋은 성적을 받고 싶어 하는 모순된 이 아이들은 겉보기만큼 마음 편히 놀고 있지 않다. 놀고 싶고, 공부도 잘하고 싶다. 다만 어른과 시간에 대한 인식이 다르기 때문에 도무지 절실해지지 않는 것이다.

연예인 좋아하는 마음, 시로 가르치면 어떨까

어른들에게 1~2년은 금방 흐른다. 사회생활에 치이다 보면 10년도 금방 간다. 그러니 매일 놀기만 하는 아이를 보면 조바심이 난다. 10대를 이미 지나온 어른은 이 시기의 무게를 알기에 아이가 하는 일이 성에 차지 않는다. 하지만 아이들은 그 무게를 모른다. 아이들의 막연한 기대만큼 세상은 녹록하지 않지만, 그것을 알려 준다고 해서 변하는 것은 없다. 아이의 1년은 무척 길고, 고교 3년 동안 다시 시작할 수 있는 기회가 12번이나 있기 때문이다. 안 되면 '끝판 왕'인 수능도 있다. 몇 달 열심히 하면 성적을 올릴 수 있고, 자신을 변화시킬 가능성이 있는 것이다. 그래서 그들은 '나도 좋은 대학 가고 싶은데.', '내년에는 열심히 할 생각인데.' 자신의 계획은 믿어 주지도 않고 비난하는 어른들이 불편하다. 나름 계획이 있는데도 주변에서 재촉을 하니 다툼만 생긴다.

이들에게 '속을 못 차렸다.'거나 '의지가 없다.'고 혼을 내 봐야 통하지 않는다. 그것이 다 맞는 말이어도 아이들은 자신이 존중받지 못한다고 느낀다. 결국 '그때 되면 늦는다.'는 충고는 '부모가 나를 신뢰하지 않는다.'거나 '엄마는 공부만 하라고 한다.'는 불만으로 이어진다. 이미 자신만의 시계로 살아가기 시작한 아이에게는 쇠귀에 경 읽기다.

그렇다고 내신 성적으로 대학에 진학하는 '수시 모집' 비중이 절반에 달하는 입시 체계에서 아이를 마냥 놀게 내버려 둘 수도 없다는 게 딜레마다. '모두가 같은 시간을 똑같이 살아갈 필요는 없다.'는 말을 하기에는 우리 사회는 낙오자에게 관대하지 않다. 아이가 안쓰럽다는 심정적인 동조는 아이의 미래를 무엇 하나 바꾸지 못한다.

아이들에게 어른이 할 수 있는 개입은 자연스럽게 공부를 직시하게 하는 일이다. 아이가 스스로 절실해질 때까지 기다려 주자. 그때까지 공부를 아예 놓아 버리지 않게 주변을 맴도는 것 역시 어른이 해야 하는 일이다. 연예인을 좋아하는 마음을 그대로 시로 가르치고, 게임에 빠져 있는 아이들에게 관련 진로를 구체적으로 보여 주는 노력이 필요하다. 아이가 만들어가는 일상을 존중하고 그곳에 지식을 조화시킬 방법을 궁리하는 게 필요하다.

자신에게 주어진 의무를 알면서도 하지 않으려는 아이들에게 학원을 더 보내고, 학교 방과 후 수업을 늘리는 일은 아무 의미가 없다. 일상에서 어른이 조금 더 피곤해지면 아이가 조금 더 행복해진다.

사랑에도
시간표가
있나요?

학생의 연애는 낙오의 다른 말일까.
아이의 성장을 학업으로만 재면 그렇다.
성적에 도움 되는 것이 아니면 모두 헛된 것으로 치부된다.

얼마 전 고2 커플이 비상구 계단에서 뽀뽀를 하다가 강사에게 걸려 꿀밤을 맞았다. "내가 뭘 잘못했는데! 왜 맞아야 하는데!"를 외치는 여학생의 통곡이 학원 복도를 울렸다. 안쓰러운 마음에 데리러 나갔는데, 둘이 꼭 끌어안고 울고 있기에 황급히 자리로 되돌아오고 말았다. 서럽게 흐느끼는 여학생의 솔직함에 웃음이 났다.

공부만 했으면 하는 학부모의 바람은 언제나 빗나가기 마련이다. 부모 몰래 맞춘 커플링을 학원에 와서 자랑하고, 만나던 아이와 헤어졌다며 실의에 빠진 얼굴로 상담을 요청하기도 한다. '썸 타는' 남학생과 학원 복도에서 손을 잡고 다니다가 딱 걸려서 꿀 먹은 벙어리가 되는 일은 다반사다. 그러다 보니 "남고, 여고를 다니는데 어디서들 그렇게 연애질을 하는 거냐."며 "다 학원에서 애들 관리를 못하니까 이렇게 되는 것 아니냐."라는 학부모 항의를 받는 일도 종종 있다.

하지만 알다시피 남녀가 모여 있다고 아무나 연애에 성공하는 것은 아니다. 모두 내 자식의 숨기려 해도 숨길 수 없는 매력이 원인인 것을.

아이들의 '이성 친구' 자랑을 들을 때면, 한 아이의 자연스러운 성장을 존중하고 싶다. 자신과 부모만이 전부이던 아이들이 타인을 일상에 들여놓으면서 배울 값진 경험을 응원하고 싶다. 하지만 "학생이 하라는 공부는 안 하고……."라는 말은 좀비같이 끈질기다. 부정하고 싶지만, 가르치던 아이들 중 연애를 하고 공부도 잘하게 된 경우는 사실 드물다. 심지어 "남친 생기고 제가 미쳐 가지고 등급이 하나씩 다 떨어졌는데 어떻게 하죠?"라고 묻는 아이들에게 내어 줄 해답이 내겐 없다. 자연스레 염려가 생긴다.

부모의 내적 갈등은 더하다. 방 청소를 하다 우연히 발견한 기념일 선물 때문에 "이 놈팡이는 어느 집 자식이냐?"라며 아이를 문초하고, 학원에 전화를 걸어서 아들의 여자 친구 뒷조사를 한다(주로 성적을 묻는다). "그 여자애 때문에 우리 아이가 밖으로만 나돈다. 제발 학원에서라도 만나지 않게 해 달라."고 읍소하는 어머니도 있다. 비교적 이성적인 어머니는 '중간고사 성적이 떨어지면 헤어지기로 약속'하고 연애를 허용하기도 한다. 하지만 타오르는 애정이 식지 않으니 결국 용돈 근절 혹은 외출 금지라는 파국으로 치닫는 경우도 많다.

이 부당한 억압은 성적에 도움 되는 것이 아니면 모두 헛된 것으로 치부하는 분위기 탓에 가능하다. 선생이든 부모든, 어른은 '걱정'이라는 명분 뒤로 숨는다. 그리고 연애를 하다가 성적이라도 떨어지면 "이성 친구랑 놀러 다니더니 내 이럴 줄 알았다."라는, 걱정을 가장한 폭언부터 쏟아 낸다. 이는 성장하는 아이들에게 연애 감정을 자연스럽게 받아들이지 못하게 한다. 연애는 없애야 할 것, 인생에 도움 되지 않는 것, 부모에게 죄책감을 가져야 하는 것으로 인식된다. 그럴수록 그들은 부모의 눈을 피해 숨는다.

감정을 통제할 수 없다는 것부터 인정하라

며칠 전, 1년 동안 열렬한 연애를 한 여학생이 찾아왔다. 아이는 "자신에게 투자해야 미래의 희망이 찾아오는 것인데, 헛된 짓을 해서 미래를 잃어버렸다."라며 한바탕 실연의 아픔을 쏟아 냈다. 지난해에는 남자 친구와 데이트한다며 비비크림을 뽀얗게 바르고 오던 아이였다. 신나하던 얼굴이 눈에 선한데, 결과적으로 자신의 연애가 무가치했다고 평가하는 것을 보니 씁쓸했다. 경쟁 속에서만 살아왔기에, 경쟁에서 처졌으니 연애를 낙오로 여길 수밖에 없는 것이다. 아이의 성장을 학업으로만 재는 상황에서는 정말 아이가 시간만 낭비한 게 되어 버렸다.

하지만 그들이 처음으로 겪고 있는 감정은 일탈이나 낙오의 징표가 아니다. 혼나거나 숨겨야 할 것도 아니다. 지극히 자연스러운 성장의 흔적일 뿐이다. 아이의 감정이 학교와 학원의 시간표대로 맞춰 자라기를 기대할 수는 없다. 가뜩이나 모든 욕구를 대학 이후로 유보하고 있는 아이들에게 이성에 눈뜨는 시간까지 다 같이 맞추라는 것은 말이 안 되는 요구다.

요구를 받아야 하는 것은 아이가 아니라 어른이다. 통제할 수 없다는 것을 인정하는 것부터가 시작이다. "부모의 눈을 속이고 연애를 했다." 고 발끈하기보다, 아이에게 위를 향해 달려가는 인생이 아니어도 가치 있는 것들이 있음을 가르칠 수 있으면 좋겠다.

'하루 13시간'
방학 특강에 갇힌
아이들

> 방학 특강은 방학이라는 특수한 상황에 맞춰진
> 값비싼 수업이다. '일단 들어 두면 다 도움이 된다.'는 식으로
> 합리화된 채 강행된다.

한 달 가까웠던 기말고사 대비 기간이 마무리 되고 있다. 시험 기간 내내 소진된 기운을 채우고 싶은 마음이 굴뚝같다. 가르치는 내가 이러할진대, 학생들이야 말해 무엇할까. 그러나 학원에는 여름방학 특강이 기다리고 있다.

삶은 언제나 '섭리의 자갈밭 어디쯤'이라는데, 이쯤 되면 죽을 때까지 자갈밭만 있는 게 아니냐는 생각도 든다. 우리 학생들, 다른 건 몰라도 인고의 가치 하나만은 잘 배우고 있다.

상상해 본다.

계획 1. 아이들에게 '열심히 공부한 당신 떠나라!'는 단체 문자를 보낸다. 하지만 이건 선동의 증거가 남으니까 취소.

계획 2. 적절한 휴식이 공부에 더 도움이 된다고 학부모를 설득한다. 이 역시 학부모의 교육 철학과 부딪칠 수 있으니 취소.

계획 3. 특강의 허구성에 대해 원장님과 다퉈 담판을 짓는다. 너,

학원 그만두고 싶니? 아무리 생각해도 답은 정해져 있다.

바로 계획 4. 여름방학 특강을 격렬하게 준비한다. 왜 하는지는 모르겠지만, 이왕 하는 것 최대한 도움이 될 수 있는 방향으로. 특강이 끝나면 또 중간고사 대비가 시작될 거라는 암담한 전망은 잠시 접어 둔다.

하지만 정말 주변 상황 때문에 특강을 하는 것일까? 특강에 대해 요구하는 학부모가 없다면, 방학 동안 모자란 부분을 보충하겠다는 학생들이 없다면, 강사들은 특강을 하지 않을 수도 있지 않을까? 아마도 그러지 못할 것이다. 오히려 적극적인 자세로 '지금이 아니면 늦는다.'라든가 '역전의 마지막 기회'라면서 특강의 필요성을 홍보하고 있을 것이다. 누구보다 학생들이 놀고 싶어 하는 이 시기에, 아이들과 같이 넋을 놓고 있다가는 매주 줄어드는 수강생 숫자에 초조해질 것이 분명하기 때문이다.

방학 특강이 언제부터 시작된 전통인지는 모른다. 하지만 그 역사에 걸맞은 '특별 강의'가 진행되는 경우는 드물다. 대부분 3년간 차근차근 배우면 될 지식들 중 그럴듯해 보이는 특정 부분을 도려내 특강으로 편성한다. 수요가 생길 것 같을 때 예정에 없던 수업을 급조하는 경우도 많다. 이 수업의 의미라고는 학교에 가지 않는 시간이 학원에 오는 시간으로 바뀌는 것 정도다. '특별한' 수업이 아니라 방학이라는 '특수한' 상황에 맞춰진 값비싼 수업인 것이다. 게다가 어차피 학생들은 지금 들어도 기억하지 못한다는 함정이 기다리고 있다. 그러나 수업은 '일단 들어 두면 다 도움이 된다.'는 식으로 합리화된 채 강행된다.

많은 강사들이 말한다. "이번 방학이 놀 수 있는 마지막 기회이지만, 따라잡을 수 있는 마지막 기회이기도 하다."라고. 하지만 꾸준한 공부가 아니면 효과가 나지 않는다는 사실을 강사가 모를 리 없다. 단지 돈벌이를 위해 이리저리 말을 바꾸는 학원에 학생들은 휘둘린다.

"방학이니까 놀아."라고 말할 수 없는 이유

며칠 전, "수능이 500일도 안 남았다."며 초조해하는 고2 학생들에게 "엄청 많이 남았다."며 농담을 던졌더니 이런 반응들이 돌아왔다. "학기 중엔 내신 공부하니까 방학 때 따라잡아야 하는데, 방학이 이제 세 번 남았잖아요. 전 끝났어요.", "선생님은 또 방학 때 국어 하라고 그러시겠죠, 수학에서는 수학 하라고 그러고, 영어도 하라 그럴 거고, 방학 때 더 바빠요.", "기말고사가 끝났는데도 놀 수가 없어요, 이제 과학도 해야 해요. 방학 내내 학원에 13시간씩 있어요. 완전 끔찍해요."

학생들의 그런 반응을 보며 차마 "방학이니까 놀아."라는 말을 할 수 없었다. 다른 친구들도 다 하는데 혼자 안 하면 불안한 심정도 이해되고, 함부로 쉬라고 말했다가 저 아이의 인생을 망치면 어떻게 하나 하는 나의 불안도 있기 때문이다. 특강이 허구인 것은 알고 있지만 "들을 필요 없다."는 한마디를 하기가 참 어렵다. 무슨 말을 하려다가도 '뭐라도 하면 노는 것보다는 낫겠지.'라는 강력한 방어막에 자꾸 지기 때문이다.

최근에는 방학 기간에 무료 특강을 진행하겠다는 학원도 종종 있다. 그렇게 함으로써 양심 있는 학원인 척 행동하는 부류도 보인다. 하지만 그것 역시 수강생 수를 유지하기 위한 서비스 수업임은 마찬가지다. 특강 문제는 비용 문제가 아니다. 요점은 방학 특강이 과연 학생들에게 필요하냐는 것이다. 학교가 공식적으로 쉬는 기간을 굳이 공부로 채워 넣어야 한다면, 그렇게 3년을 채워도 대학에 진학하지 못한다면, 이 교육 과정이 애초에 아이들에게 무리한 것을 요구하고 있다는 의미일 텐데 말이다.

어느 학원의
소름 돋는
새벽 2시 풍경

16

학원을 옮기는 최대 사유는 성적이다.
성적에 따라 수업 내용도 재평가된다. 실적과 교육 사이에서
균형 잡기가 어렵지만 강사로서 해야 할 일이다.

　　"학원 옮기는 이유가 뭐겠어요, 성적이 오르지
않으니까 그렇겠죠?"

　　일하면서 가장 많이 접하는 학부모와 학생의 퇴원 사유다. 아무리
아이에게 공을 들였어도 성적이 좋지 않으면 소용이 없다. 이때의 섭
섭함은 온전히 강사 스스로 감당해야 한다. 그래서 몇몇 강사들은 "학
생들에게 정을 주지 않는다."고 말한다. '정을 쏟아 봐야 시험 성적 한
번에 돌아설 것이 뻔하기 때문'이다. 하지만 그 말을 하는 사람도 이
미 알고 있다. 아이들을 가르치면서 아이들에게 정을 주지 않기란 불
가능하다는 것을.

　　강사는 본인이 제공한 수업으로 수강생의 성적을 올려야 하고, 학
생의 성적이 좋지 않을 경우 가차 없이 낙오되기도 한다. 이 때문에
많은 강사들은 고도의 불안감을 느끼며 산다. 강사의 장점도 성적이
나오지 않는 순간 단점으로 바뀌기 때문이다. "왜 강사가 애들하고 수

다를 떠는지 모르겠네요. 사회적인 이슈는 대체 왜 이야기를 하는 거죠?" ㄱ강사는 한 해 동안 가르친 학생의 부모에게서 이런 말을 들었다. 문제나 잘 풀어 주면 될 강사가 아이들과 대화를 하는 것이 맘에 들지 않았던 것이다.

"수업이나 잘 가르치면 될 것을." 이 대목에서 강사들은 완전히 무너진다. 성적이 나오지 않으면 그동안 쌓아 온 어떤 노력도 무의미한 것이 되기 때문이다. 어떤 수업을 해 왔는지는 중요하지 않다. 중요한 것은 강사가 수업 중에 개인적인 이야기를 해서 꼬투리 잡힐 빌미를 제공했다는 사실이다. 불편을 드려 죄송하다는 말을 하면서 속으로는 질문을 삼킨다. 성적이 나오면 뭘 해도 되고, 성적이 나오지 않으면 뭘 해도 안 되는 걸까?

학부모만큼 절실하지는 않겠지만 성적을 제대로 내고 싶은 것은 강사도 마찬가지다. 앞서 언급한 '퇴원 쓰나미'가 두려운 것은 둘째 치고, 좋은 성적을 내는 친구들이 나와야 수강생 증원으로 이어질 수 있기 때문이다. 이 부분은 자신의 이익과 직결되는 문제다. 따라서 강사는 가르치는 사람과 사업가 사이의 경계에서 종종 균형을 잃어버리기도 한다. 아이들 마음만 잡아 두면 벌이가 유지된다며 수업을 시작할 때 매일같이 피자와 음료수를 책상에 올려놓는 강사가 있는가 하면, 빠른 시간에 성적으로 결과를 보여 주기 위해 아이들을 과도하게 통솔하거나 지나치게 몰입 교육을 시키는 강사도 있다.

이런 경우도 있다. "새벽 2시에 불 꺼진 학원 복도를 걷고 있는데 어디선가 여자아이들 목소리가 들리는 거예요. 주위를 살폈는데 불

켜진 데는 없고요. 소름이 쫙 끼쳐서 엘리베이터까지 막 뛰었어요. 나중에 알고 보니 학생들 목소리가 맞아요. 학원이 단속을 피하려고 빛이 나가는 틈을 테이프로 다 막고, 창문에는 나무 패널을 붙여 놨던 거래요." 학생을 이렇게 압박하는 것이 장기적으로 아이에게 도움이 될지, 안 될지는 아무도 모른다. 하지만 학생과 학부모, 강사가 모두 만족할 수 있는 시험 결과가 바로 나온다는 것만은 모두가 안다.

늘어나는 학원 건물에 가슴이 서늘해져

당장 먹기에는 곶감이 달다고, 이런 방식의 학원들은 빠르게 성장한다. 제1관, 제2관…… 무섭게 늘어나는 건물을 볼 때마다 가슴이 서늘하다. 결과가 모든 것을 말해 주는 이 바닥의 진리를 드러내기 때문이다. 때로 강사는 더 이상 아이들을 가르치고 기르는 '어른'이 아니어도 괜찮다는 징표처럼 보이기도 한다.

중간고사, 모의평가, 기말고사, 수능까지 고교 3년 동안 이뤄지는 최소 20번 이상의 평가 때마다 학원의 수강생들은 들고 나가기를 반복한다. 그 과정에서 강사들은 계속 마음을 다치고, 어떤 가치를 포기했을 때 좀 더 빨리 실적을 낼 수 있는지 알기에 끊임없는 유혹에 시달린다. 하지만 여전히 많은 강사가 균형을 잡으며 살아간다. 아직은 팔아서는 안 되는 교육의 가치가 있다는 공통된 전제가 남아 있기 때문이다. 언젠가 이름만 들으면 알 만한 은퇴한 강사로부터 이런 말을 들은 적이 있다. "학원 강사로 살아온 삶이 남들 앞에서 떳떳했던 적이 없다."라고. 그 말대로 이 사회에서 '떳떳한 사교육'이 과연 가능할는지 모르겠다. 하지만 모든 어른이 모여 함께 아이를 키워 낸다는 교육의 전제를 잊지 않는다면, 언젠가는 강사도 실적만으로 존재 가치를 평가받는 직업이 아닌, 교육자로서 인정받을 수 있는 위치가 될 수도 있지 않을까.

성적 오르지 않았으니, 수강료 환불해 달라

교육에 대한 불신은 비용으로 전환된다.
학부모들은 학원 수강료를 보험료처럼 생각한다.
학원비가 비쌀수록 좋은 수업이라고 안심한다.

서울 목동 지역의 고등학생 대부분은 강사보다 학원 경력이 길다. 학생들은 강의를 몇 번 듣지 않아도 강사의 실력을 금방 파악하고 행동을 취한다. "학원 좀 바꿔 보려고 다른 곳에 갔다가 한 번 듣고 도저히 못 듣겠기에 다시 왔어요."라는 말을 하며 내게 돌아오는 학생들이 있는가 하면, 같은 방식으로 나를 떠난 학생도 있다.

개강을 하루 앞둔 저녁 무렵의 일이었다. 내가 맡은 수업의 담당 강사를 바꿔 달라는 전화를 받게 됐다. 나를 직원으로 착각했던 학부모는 "어디서 그런 형편없는 강사를 데려왔느냐."라며 호통을 쳤다. 나는 "어머님, 그 형편없는 강사가 바로 접니다."라고 말할 시점을 놓쳐 버리기도 했고, 수업을 들어 보지 않은 상태에서 비방을 쏟아 내는 원인이 궁금하기도 해 내 신분을 숨긴 채 항의를 다 들었다. 그 학부모의 자녀가 첫 수업에 들어왔을 때, 결국 땀에 젖은 손으로 형형색색의 '분필 격파쇼'를 연출하다 탈진할 뻔했다. 나중에 해당 학부모의

해명을 들어 보니, 개강 전 학부모 모임을 통해 강사를 미리 단속하자는 움직임이 있었다고 한다. 학원에 보내면서도 학원을 믿을 수 없었던 학부모들의 궁여지책이었던 셈이다.

학부모 모임이 이런 방식으로 학원에 세를 과시하는 일은 드문 일이기에 나는 한동안 시름시름 앓았다. 그 학생을 보는 것이 불편해 학생이 얼른 그만두기를 바라기도 했다. 하지만 생각해 보면 이전에도 비슷한 일은 있었다. 다만 대상이 학교였을 뿐이다. 담임 선생이 못 미덥다며 학교에 가서 한판 싸우고 왔다는 학부모도 있었고, 어떤 과목 선생님의 실력이 의심스럽다며 나에게 하소연하는 학부모도 있었다. 그렇다고 학교에 대한 불신의 반작용으로 학원이 신뢰를 얻었느냐 하면 그것도 아니다. 상대적으로 학원은 이런 방식의 기 싸움에 노출되지 않았을 뿐이다. 사교육 시장에서 가르치는 사람에 대한 불신은 '비용'으로 전환되는 방식으로 나타난다.

수업이 끝난 강의실에 다짜고짜 학부모가 들어와서 "우리 애 잘 봐 달라."며 수입 화장품을 놓고 간다거나, 출근하는 엘리베이터 앞에서 기다렸다가 학생의 이름이 적힌 음료수 박스를 선물하는 것은 그나마 평범한 일이다. 큰 시험을 앞두고 자기 아이를 특별 대우 해 달라며 담당 강사와 그 반 학생들 모두에게 '노스페이스' 패딩 점퍼를 선물한 학부모도 있었다. 사교육 시장의 학부모들은 강사의 수업을 믿기보다는 본인이 비용을 투자한 만큼 해당 강사가 알아서 일을 잘 해 줄 거라는 믿음으로 그들의 불신을 사그라뜨린다.

시험 이후 수강료를 환불해 달라는 학부모

이러한 방식은 학원 수강료를 보험료처럼 생각하는 분위기로 이어지기도 한다. 소문을 타고 유명해질수록, 검증된 학원이나 강사일수록 수강료는 상승한다. 물론 교육청에서 '분당 수강료'를 정한 뒤로 학원비가 전처럼 기하급수적으로 오르지는 않지만, 여러 형태로 비싼 수강료를 유지하는 것은 사실이다. 그리고 사람은 믿을 수 없지만 본인이 투자한 비용은 믿을 수 있다고 생각하는 학부모가 이 금액에 올라타는 것이다.

이 때문에 학원비가 비쌀수록 좋은 수업이라고 안심하는 경우도 흔히 볼 수 있다. "시험 성적이 잘 나오지 않았으니 수강료를 환불해 달라."는 요구를 하기도 한다. 당연히 환불은 되지 않는다. 학원이 사기를 쳤다며 고소하겠다고 으름장을 놓는 학부모도 더러 있다.

'너 한번 수업해 봐라.'는 눈빛으로 앉아 있는 학생들의 입에서 "선생님 참 잘 가르친다."는 말이 나오게 하는 게 강사가 하는 일이다. 그 정도의 기 싸움과 서로에 대한 탐색전은 긍정적이다. 하지만 그 이상의 경계심은 소모적이다. 교육 시스템에 대한 불신으로 늘어나는 것은 교육을 구입하는 데 드는 비용이기 때문이다. 공교육으로 소화가 가능한 부분도 굳이 본인의 비용을 들이게 된다는 점이 그걸 증명한다. 비용 투자로 원하는 목표를 달성했을 때, 그때까지의 손익 계산은 제대로 이루어지지 않은 채 각개격파라는 교훈만이 널리 퍼져 나간다.

학생들은 '무명씨'가 누구냐고 묻는데······

고등학교 사교육 시장은
선행 학습보다 복습의 무한 반복에 초점이 맞춰져 있다.
이런 상황에서 '선행 학습 금지법'이 효과가 있을까.

'공교육 정상화 촉진 및 선행 교육 규제에 관한 특별법(선행 학습 금지법)'이 통과된다는 말을 처음 들었을 때, 나와 내 주변 강사들은 놀랐다. 학원 건물 엘리베이터에서도 이 이슈를 입에 올리는 강사들을 꽤 볼 수 있었다. 담당 과목별로 이슈를 대하는 온도차는 컸고, 선행 위주의 수업을 하는 강사와 복습 위주로 가르치는 강사의 태도도 갈렸다. 그러나 입시 학원 건물인 만큼 실제 초등·중학교보다는 반응이 뜨겁지 않았다. 법안만으로는 선행 교육이 금지되지는 않을 것 같다는 게 중론이었다.

고교급에서도 선행 학습을 비교적 자주 수행하는 수학 강사들은 처음에는 긴장하는 눈치였다. 그러나 그들은 곧 코웃음을 쳤다. 이 법안이 실효성이 없어서였다. 법안이 사교육에 요구하는 부분은 '선행 학습 광고 규제'인데, 광고 문구야 '심화 과정'이라는 용어로 바꾸면 그만이다. 수학 학원들은 단원별로 강의를 진행하고, 아이들이 필요한 부분을 골라 들을 수 있게 하는 경우도 많아서, 무엇을 선행 수업으로 판단하고 단속할 것인지도 애매하다.

게다가 고교생에게 수학 외의 과목에서 선행 학습이 이뤄지는 일은 드물다. 국어 과목의 경우 학교와 학원 모두 '작가: 무명'이라고 쓰인 걸 보며 "무명이 누구예요?"라고 말하는 아이들과, 고3이 되어서도 '환기시키다.'의 말뜻을 몰라서 답을 틀리는 수많은 학생을 가르치고 있다. 아이들이 멍청하다는 뜻이 아니다. 고교 교육 과정을 살펴보면 하루 동안 접하는 정보의 양이 너무 많다는 것을 알 수 있다. 그런 아이들을 데리고 학교도, 학원도 무턱대고 선행을 나가지는 않는다. 고교급의 사교육 시장은 선행 학습보다는 복습의 무한 반복에 초점이 맞춰져 있다. 학생부로 학생을 뽑는 비율이 점점 올라가고 있고, 수능의 비중이 줄어들고 있기 때문이다.

선행 학습을 잡고 싶다면 주목해야 할 것이 이수 과목이다. 선행 학습 이슈에 비교적 예민한 수학 과목을 예로 들어 보자. 수학을 고교 3년 안에 해결할 수 없다는 불안은 고등학교급이 아닌 초등·중학교 급에서 선행 학습을 이뤄지게 한다. 실제로 수학에서 초등학교 5~6학년은 중학교 과정을, 중학교 1~3학년은 고교 과정을 학습하곤 한다. 방학 중 10-10수업오전 10시부터 오후 10시까지 하는 수업은 물론이고 특목고 대비 수업을 빙자해 중학교 내내 고교 과정을 다 학습해 버리는 학생도 생긴다. 그렇게 해야 고등학교에 들어갔을 때 내신에서 한번이라도 실수하지 않을 수 있다는 당위가 부여되기 때문이다.

이런 불안의 원인은 국가 교육 과정이 요구하는 과목 수가 많은 데에 있다. 정규 과정에 알맞게 수학 교육 과정을 편성하면 다음과 같은 결과가 나온다. 고1은 1년간 '수학1'과 '수학2'를 배운다. 2학년 때, 문과의 경우 '미분과 적분1', '확률과 통계'를 해야 하고, 이과의 경우 여기에 '미적분2'와 '기하와 벡터'까지 더해야 한다. 문과는 한 학기에 한 과목씩 뗀다면 2학년을 마쳤을 때, 수능 출제 과목은 다 뗄 수 있다. 이과의 경우는 1년에 네 과목을 떼어야만 고3 때 EBS를 나갈 수 있다. 만일 선행 학습 금지법에 따라 수업 시수 배정에 제한을 받아 두 과목씩 고2, 고3에 걸쳐 2년 동안 떼어야 한다면 학교는 두 가지 선택을 할 수밖에 없다. 형식적으로는 고3 학생들이 남은 2과목을 수강하고 있으나 실제로는 EBS로 수업을 진행한다거나, 두 과목을 수능 전날까지 진도를 나가고 있거나. 어느 쪽을 선택할지는 불 보듯 뻔한 일이다.

1년에 2과목이든 4과목이든 진도를 나가기 바쁜 수업에서 아이들의 이해도는 고려되지 않는다. 이해하기 위한 시간은 수업 외적 영역에 맡기게 된다. 그렇기에 고교급에서는 복습이, 초등·중학교급에서는 선행이 아이들에게 주입되고 있는 것이다.

학교에서 배운 것만으로 모두 시험을 잘 치를 수 있다면 애초에 사교육은 생기지도 않았다. 배웠는데도 문제를 풀지 못하는 아이들의 학습 보조를 위해 생긴 것이 사교육이다. 사교육을 잡고 싶다면 선행 학습을 잡을 것이 아니라, 아이들의 학습 부담을 줄이는 것이 먼저여야 한다. 뿐만 아니라 진도에 쫓기지 않고 아이들의 이해도가 낮은 부분을 공교육 안에서 공들여 해결할 수 있다면 사교육 의존도는 조금이라도 줄어들 것이다.

해마다 '소수 정예 학원'이 늘어나는 이유

하지만 우리나라는 입시 부담을 줄이기 위해 EBS를 추가로 학습할 것을 권한다. 애초에 교육 과정 속에 들어 있는 학습량 자체가 많은 거라면 어떤 식으로도 부담이 줄어들 수는 없다. 하지만 학생들은 그 모든 것을 포괄한 EBS까지 학습을 해야 하는 실정이다. 학교의 학급 학생 수는 30~40명. 이들을 교사 한 명이 가르치고 있을 때도 개별 난이도 조절이 되지 않아서 진도를 따라잡지 못하는 아이들은 사교육으로 몰린다. 그런데 수십만 명을 대상으로 하는 EBS 강의가 아이들의 필요를 만족시킬 수 있을까.

고교에서 진도를 따라잡지 못했다던 아무개들의 경험은 공포담처럼 확산돼 초등학생과 중학생의 선행 학습마저 부추기고 있다. 선행 학습은 지금처럼 막대한 양의 정보가 아이들에게 쏟아지는 이상 줄어들지 않을 것이다. 양을 줄이지 못할 거라면 개별 지도라도 가능해야 할 텐데, 어떤 면에서도 공교육 정상화는 요원해 보인다. 사교육 시장에서 왜 대형 종합반 학원들이 몰락하는지, 해마다 소수 정예 학원이라는 문구로 광고하는 학원이 늘어나는지를 생각해 보면 공교육 정상화에 대한 해답은 의외로 쉽게 보인다.

고3의
첫 모의고사
사용 설명서

3월 모의고사를 마친 고3 교실과 학원은
자신감, 열패감 등 여러 감정으로 채워진다.
아이들의 고심에는 때로 부모에 대한 염려가 담긴다.

고3의 3월 모의고사 점수가 수능 성적이 된다는
풍문이 있다. 출처는 불확실하다. 지금까지처럼 공부해서는 성적이
오를 수 없으니 긴장하라는 취지의 말일 것이다. 하지만 모의고사를
본 후 충격에 빠진 아이들에게는 이 말의 진위가 중요한 모양이다.
그 말이 사실이었으면 좋겠다고 들뜬 학생부터 "아니죠? 아니죠?"
라며 강한 부정을 원하는 학생들이 모여 강의실은 자신감, 열패감 등
여러 감정으로 채워진다. 겨울 내내 기계처럼 숨죽여 공부하던 아이
들의 생기가 되살아난다.

크게 틀린 말은 아니다. 3월 시험은 고2 수준에 가깝다. 앞으로 난
이도는 계속 올라갈 것이다. 수능은 재수생들도 치른다. 남은 8개월을
전력으로 달려도 백분위 하락을 걱정해야 할 판이다. 3월 점수가 수능
점수로 직결되지는 않는다. 열심히 하면 점수야 오른다. 다만 상대 평
가인 시험에서 원하는 만큼 석차를 얻으려면 차원이 다른 노력을 해야

만 한다. 풍문은 그것에 대한 경고인 셈이다.

아이들도 이번 시험의 무게를 안다. 고3쯤 되니 고민의 깊이도 예전 같지 않다. "제가 지금껏 잘하는 게 없었어요. 그나마 잘하는 게 국어였거든요. 하나라도 잘해서 엄마한테 자랑스러운 딸이 되고 싶었는데, 그걸 망쳐서 너무 미안해요.", "저 서울대 의대 꼭 가야 해요. 엄마가 너무 희생하셨어요. 저 때문에 목동으로 이사 오고, 주말에 대치동까지 데려다 주시고……. 엄마가 노력한 게 아무것도 아닌 게 될까 봐 걱정돼요. 합격 전까지 성적을 보여 드릴 자신이 없어요."

얼마 전까지만 해도 부모의 압박과 하기 싫은 공부 사이에서 억지로 힘을 쥐어짜며 신음하던 아이들의 모습은 온 데 간 데 없다. 점수로 인한 자존감 하락은 차후 문제다. 아이들의 고심에는 부모에 대한 염려가 담기기 시작했다. 자신을 위해 부모가 놓아 버린 것들을 볼 줄 알게 된 것이다. 이제야 새삼스레 부모의 사랑을 깨달았다는 듯 입장을 선회하는 모습을 보고 있으면, 장성한 자식을 보며 느끼는 부모의 뿌듯함을 알 것도 같다. 이 찰나를 녹음해서 부모들에게 보내고 싶다.

경험상 수능이 다가올수록 아이의 감정 기복은 커진다. 지금 느끼는 미안함은 죄책감으로 작용하기도 하고, 과한 자책으로 이어지기도 한다. 해소할 길 없는 마음은 부모와 대화를 단절시킬 수도 있다. 이런 갈등은 수능에서 좋은 결과를 얻으면 없던 일처럼 해소된다. 하지만 그렇지 못했을 때는 서로에게 어느 정도 상처로 남는다. "재수하고 싶은데 부모님 뵐 용기가 없다."라는 학생이나 "아이가 수능을 못 보니까 내 인생은 뭔가, 지금껏 내가 뭘 한 건가 싶고, 괜히 자식이 밉고 화가 치밀어 오른다."라던 학부모의 고민은 이 레이스의 이면이기도 하다. 그럴 때, 매 순간 아이가 부모를 얼마나 염려했는지를 들려줄 수 있다면 갈등이 조금은 풀릴지도 모른다.

미리 숱한 실패를 해 보라고 주어진 기회

모의고사는 어찌 됐든 모의고사다. 수능에서 실수하지 않기 위해 미리 숱한 실패를 해 보라고 주어진 기회일 뿐이다. 객관식의 명료함은 이 실패를 어떻게 극복해야 하는지도 알려 준다. 일생에 닥친 첫 난관은 이토록 상냥하다. 그러니 이것을 자신의 성적으로 확정 짓고 미래를 단언하며 불안해할 필요는 없다. 이로 인해 자신에게 주어진 기대를 모두 끌어안고 속병을 앓을 이유도 없다. 실패를 통해 성공한 사람의 사례는 검색만 해도 무더기로 쏟아진다. 용기를 스스로 얻을 방법은 무궁무진하다.

다만 지금의 경험을 잘 보존했으면 한다. 첫 실패를 딛고 일어선 경험은 아이의 미래를 꾸리는 데 큰 영향을 미친다. 모의고사 점수가 수능 점수로, 수능 점수가 인생 점수로 이어질 가능성은 없다. 하지만 자신의 업인 시험에서 좌절했을 때 대처했던 방법들은 아이가 인생을 대하는 태도와 직결될 가능성이 높다. 당장 아이는 올해 수능에서 실패할 수도 있다. 대학에 잘 안착시켜 놓았더니 취업에서 실패할 수도 있다. 사람이라면 인생의 어느 시점에서든 한 번쯤은 무너지는 날이 온다. 그럴 때, 자기 상처만을 아프게 여기는 사람이 아니라 자신으로 인해 가족이 겪을 고통까지 배려할 줄 아는 어른으로 성장할 수 있다면 그보다 더 귀한 인생의 자산은 없을 것이다. 실패에서 배우라는 말이 아이들이라고 예외일 수 없다.

내신형에서
기숙 학원까지
착잡한 '학원 쇼핑'

학원도 유행을 탄다. 학기 중에는 '내신형' 학원에,
겨울방학 때는 '기숙 학원'으로 아이들이 몰린다.
우르르 옮겨 다니는 모습이 안타깝다.

학원도 유행을 탄다. 학기 중 가장 인기 있는
학원은 '내신형' 학원이다. 평소에는 모의고사 수업을 진행하다가 학
교 시험 3~4주 전부터 시험 범위만 강의하는 학원을 일컫는 말이다.
나 역시 1년에 네 번씩, 내신 수업만 들으러 오는 학생들의 쓰나미를
경험한다. 학생들은 시험 대비 기간이 시작되면 몰려왔다가 시험이
끝나면 소리 소문 없이 사라진다.

'내신형 학원'은 학생의 조급증을 노린 운영 방식으로 운영된다.
학생으로서는 감이 오지 않는 모의고사 전국 석차보다 피부에 와 닿
는 반 등수를 올릴 수 있으니 좋고, 학원은 반짝 수입을 올릴 수 있으
니 좋은 윈윈Win-Win 전략이다. 이런 시장 논리 속에서 강사의 학생
걱정은 고양이가 쥐 생각하는 꼴이다. 학습 보조자로서 사교육의 순
기능이 돋보이는 시기이니, 강사에게는 명분과 실리를 다 잡을 수 있
는 기회이다. '모티프로 삼아 형식에 변화를 준다.'는 문장에서 '삼아

형식'이 뭐냐고 묻던 아이들이 시원하게 문제를 풀어낼 때만큼 보람찬 순간은 없다.

하지만 이 시기에는 보람만큼 회의감도 몰려온다. 돈 벌면서 도덕적 우위까지 점하는 감성 팔이는 하지 말자고 다짐하지만 낭패감은 기어이 찾아온다. 열심히 하는 학생들과 달리 족집게라는 환상에 기대고, 성적에 대한 책임을 남에게 미루고, 점수만 잘 나오면 된다며 우르르 학원을 옮겨 다니는 학생들 때문이다. 그들을 볼 때면 나는 강사이기 이전에 어른으로서 잘못한다는 생각이 든다.

겨울방학 때 '기숙 학원'을 권하는 교육 풍토

목동에는 학원이 많다. 그 개수만큼 학생과 학부모에게는 남을 탓할 선택지가 늘어난다. 성적이 안 나오면 학원을 옮기면 그만이다. 성적이 잘 나와도 문제다. 한 달 만에 반짝 오른 성적에 위안을 받다 보면 학생들은 장기 목표를 향해 인내할 필요성을 느끼지 못한다. 이런 부작용을 볼 때면 강사가 아무리 학생의 필요에 따라 움직이는 직업이라지만 마음이 편할 리 없다.

그렇다고 학원을 꾸준히 다녀 보라는 말은 아니다. 학교에서든, 학원에서든 원하는 것을 얻기 위해 긴 호흡으로 걷는 법을 배웠으면 좋겠다는 이야기다. 성적을 내는 것은 대학을 가는 데 꼭 필요한 요소다. 하지만 인내와 책임을 배우는 것 역시 인생을 살아가기 위해 꼭 필요한 덕목이다. 한 달 정도 투자한 것으로 좋은 성적을 바라는 이 상황은 아이들에게 인내나 책임감을 배울 시간을 주지 않는다. 아이들은 그것을 학원에 떠맡긴 후 어쨌든 결과만 좋으면 된다는 요행을 먼저 배우는 셈이다.

다시 겨울방학이 시작된다. 학기 중에 내신 잘한다는 학원을 찾아 이리 뛰고 저리 뛰던 그네들은 요즘 '기숙 학원' 열풍에 휩싸여 있다. '교실마다 CCTV가 있어서 부모님이 휴대전화로 아이의 상태를 확인할 수 있다', '남녀가 말을 나눌 경우 사감 선생에게 불려 간다.', '개인 휴대전화는 압수한다.' 같은 기숙 학원 체계는 그들의 귀를 솔깃하게 한다.

방학이니 놀아도 된다는 낭만적인 이야기를 할 생각은 없다. 원하는 성적을 내기 위해 타인의 통제 아래 자신을 맡기고 싶은 마음도 이해가 된다. 하지만 1년 동안 하지 못했던 것을 두 달 동안 바꿔 보겠다는, 변함없는 조급증에는 착잡함이 앞선다.

세상에 공짜는 없다. 하물며 공부라고 다를 리 없다. 충분한 시간이 쌓여야 오를 수 있는 수준이 있다. 코앞의 시험만 해결하겠다는 마음으로 사교육에 의존하는 방식은 성적이 나오든 나오지 않든 학생의 실력에 도움이 되지 않는다. 누구보다 결과에 연연해하면서도 그 결과를 만들어 내기 위한 인내를 가르치지 않는 것 역시 아이의 성장에 도움이 되지 않는다. 조급증은 수치에 대한 압박만 키울 뿐 내실 있는 결과를 가져다주지 않는다. 그리고 그 압박 속에서 제대로 된 노력 없이 요행만 바라는 아이들을 키워 내는 것은 아닌지 나는 종종 의문이 든다.

'10세 수준 2개 언어 구사자'는 어떻게 탄생하나

조기 유학을 했다고 하면 모두 외국어에 능통한 줄 안다.
성공 사례만 보이니까. 그런데 '조기 유학 아이들'이 겪는
스트레스와 고민이 상당하다.

"양성 모음인 '아, 오'는 양성 모음끼리, 음성 모음인 '우, 어'는 음성 모음끼리 어울리는 현상을 모음 조화라고 해."

"그럼 내 얼굴은 까마, 너는 하야. 너는 누러?", "'누러'라니!" 반 친구들도 웃고, 나도 웃음이 터졌다. 질문의 주인공인 ㄱ양(18)은 열 살부터 5년간 부모와 떨어져 혼자 유학을 갔던 학생이다. ㄱ양이 구사 하는 한국어는 한국에서 자라 온 또래에 미치지 못한다. 본인도 이건 아니다 싶었는지 그녀가 곧이어 하는 말. "아아! 그럼 누라!"

친구들은 "내 동생이 여섯 살인데 너처럼 말한다."며 귀여워하지 만 그럴 때마다 ㄱ양은 내심 자존심이 상한다. 각오했던 부분이지만 국어 교과서의 대부분을 이해하지 못하게 될 줄은 몰랐다. '우리말이 니 한국어는 어떻게 되겠지.' 하던 생각은 '어떻게 해도 한국어가 안 된다.'는 좌절감으로 이어졌다. 더 큰 문제는 정작 영어 실력도 그리 뛰어나지 않다는 데 있다. "거기에서는 한국에 오고 싶다는 생각만 하

느라 열심히 안 했는데, 여기 와서도 안 되니까 너무 속상해요."

국내 대학 입학을 위해 많은 조기 유학생들은 영어 특기자 전형을 준비한다. ㄱ도 같은 준비를 한다. 하지만 합격 조건을 충족시킬 토플 점수를 내기가 어렵다. 능수능란하게 다룰 수 있는 말이 없기 때문이다. 지식을 습득하려면 자신의 언어로 정리하고 이해하는 단계가 있어야 한다. 하지만 자신의 의사를 논리적으로 표현할 언어가 없는 이들에게는 사고하는 일 자체가 어렵다.

한 조기 유학생의 고백, "저는 영어가 무서워요"

이들의 자존감은 영어 점수에 달려 있다. 유학생이라는 자신의 위치 때문이다. 그 때문에 시험 전후로는 극도의 불안에 시달린다. 투자한 시간과 비용에 합당한 결과를 내야 한다는 압박을 받는 것이다. 유학파이니 당연히 영어를 잘할 것이라는 주변의 기대는, 유학 기간 내내 말이 통하지 않는 게 두려워서, 어학원에 적응하기 바빠서, 정작 영어 공부에는 충실하지 못했던 자신에 대한 자책으로 이어진다.

"저는 영어가 무서워요. 토플 성적표 나오면 제가 없어졌으면 좋겠어요. 고1 첫 중간고사 때는 영어 시험이 시작되자마자 팔이랑 다리가 미친 듯이 떨리는 거예요. 책상이 달달달달. 그래서 다리를 꽉꽉 누르면서 시험을 보는데 글자가 하나도 안 보였어요. 시험 끝나고 보니까 제가 허벅지를 너무 눌러서……. 저는 제가 뭘 하는지도 몰랐어요."

아홉 살 때부터 7년간 캐나다에서 생활한 ㄴ양(18)의 고민이다.

ㄴ은 'come'과 'go'가 헷갈린다고 한다. 한국어로 '오다'와 '가다'도 헷갈린다. 모든 어휘가 헷갈려서 상대의 말을 이해하지 못하는 경우가 많다. 캐나다에 처음 갔던 2년 동안 말을 하지 못하고 혼자 다녔던 것처럼, 한국에 돌아온 2년간 아이는 점점 고립되어 가고 있다. 유학 기간이 짧은 경우도 마찬가지다. ㄷ양(17)은 열한 살에 미국에 갔다가 3년 후 한국에 돌아왔다. ㄷ은 한글 문장마다 주어, 서술어, 목적어 등을 찾으며 의미를 끊어 읽는다. 영어든 한글이든 그렇게 읽어야 겨우 한 문장을 이해할 수 있으니 글의 전체 맥락을 이해하기 어렵다고 한다.

그로 인해 괴로운 것은 학생만이 아니다. 유학생들의 부모가 아이의 영어 점수를 보면서 초연하기란 어렵다. 모든 걸 다 해 줬다는 생각 때문에 아이에게 원망이 생기고, 그로 인한 미안함이 하루에도 몇 번씩 오간다. 얼마 전, ㄴ양은 지능 검사를 받았다. "학부모 모임에 나가 보면 다른 유학생들은 잘하는 것 같은데, 왜 우리 애만 이런지."라고 괴로워하던 어머니의 결정이었다. 그 모임의 ㄱ양과 ㄷ양도 같은 고민을 한다는 진실을 ㄴ양도, ㄴ양의 어머니도 모른다. 내 자식이 곧 내 자부심이기에 자식의 단점을 침묵하는 사이, '조기 유학의 성공 사례'들은 포장되고 불티나게 팔린다. 가족이 단체로 떠난 것인지, 아이를 혼자 보냈는지, 아이에게 독립된 공간을 보장해 주었는지, 홈스테이를 하며 구박을 받진 않았는지 등 사람마다 조기 유학에 성공할 수 있는 요인은 다르다. 하지만 그런 것들은 '언어 교육을 받기에 가장 이상적인 나이'라는 최우선 명제 앞에서 고려되지 않는다. 그렇게 유학을 다녀오더니 다르긴 다르더라는 환상 속에서 10세 수준의 2개 국어 구사자가 탄생한다.

가슴으로
「사평역에서」를 읽어 낸
아이

이 무렵 중3 아이들은 '고등학교에서 낙오하면 인생 끝난다.'며
불안해한다. 고교생이 되기도 전에 설렘을 잃고
두려움만 남는다.

10월 말 학원가는 바쁘다. 예비 고1 수업에 대
한 문의가 쇄도하기 때문이다. 중3 학생들이 기말고사 대비에 열을 올
릴 이 무렵, 그들의 부모는 학원가를 뛰어다니느라 열을 올린다.

그들은 학원의 고교 입학 설명회 일정이 빼곡하게 적힌 달력에 O
혹은 X 표를 쳐 가며 '매의 눈'으로 부지런히 발품을 판다. 그렇게 탐
색전이 끝나면, 어머니 손을 잡은 앳된 얼굴의 소년 소녀들이 입시 학
원에 등장한다.

이들은 고등학교에 입학하기도 전에 많은 지식을 배운다. 그리고
다른 하나를 잃는다. 양으로 비교하자면 손해날 것 없는 투자다. 그러
나 잃어버리는 하나가 다시 얻을 수 없는 가치라면 이야기는 달라진다.

올해 초, 고등학교 입학식 직전이었다. 새벽 두 시가 넘은 시간에
걸려 온 한 통의 전화. 평소 지치지 않고 공부를 하던 여학생이었다.

"선생님."

"응, ○○야."

단지 이름을 불렀을 뿐인데 학생이 울었다. 아마 전화를 걸면서도 울고 있었을 터였다. 목청껏 '공기 반 울음 반'으로 울고 나서야 아이는 말을 꺼냈다.

"저 내일 입학식인데요, 못 자겠어요. 저 사실은 특목고 떨어져서 엄마가 창피하다고 유학 보내려고 했어요. 내신 한 번만 망해도 이제 대학 못 가는 거 아니에요? 안 그래도 일반고라서 (특목고) 친구들한테 처지는데…… 여기서도 못하면 저 인생 망하는 거 아니에요?"

해마다 반복되는 사교육 1번가의 사연이다. 학생의 불안은 가중되어 왔지만, 뾰족한 해결책도 없는 그런 사연.

몇 개월 전만 해도 "기말이 끝났는데 놀지도 못하고 이게 뭐예요." 라며 볼멘 표정으로 투덜대던 아이들이, 오히려 "고등학교에서 낙오하면 인생 끝난다."는 말로 자신을 몰아세우게 된다. 어떤 일을 시작할 때는 설렘과 두려움이 동반되는 법인데, 이들은 입학하기도 전에 설렘을 잃는다. 그리고 그것이 증발된 자리에는 두려움만 남는다.

"산다는 게 침묵 같다는 거…… 뭔지 알겠어요"

두려움은 단기간에 사람을 바꾼다. 고교 3년간 치를 12번의 내신 시험 중, 한 번 한 실수만으로도 원하는 대학에 갈 수 없을 거라는 상상은 학부모와 학생을 떨게 만든다. 학부모는 "우리 애가 학원에서 출발한 시간을 알려 주세요."라며 초 단위로 학생의 일정을 관리한다. 아침에 늦잠 자는 딸아이 때문에 생긴 엄마의 불안감은 강사에게 고

스란히 전달된다. 울고 있는 학부모와 그로 인해 다시 울게 되는 학생의 연결 고리는 좀처럼 끝나지 않는다.

"선생님, 저 밤에 집에 오면 좀 그래요. 좀 막막해요. 학원에 있을 땐 그런 생각 안 하는데, 집에 오면 학교 숙제, 학원 숙제, 해야 할 게 쌓여서…… 자야 내일 수업에 안 조는데 자면 할 거 못하니까 못 자고, 그러면 또 내일 졸 거라서 슬퍼요. 근데 내가 해야 하는 거니까…… 이 시에서 '산다는 게 침묵 같다는 거' 뭔지 알 것 같아요."

곽재구의 「사평역에서」라는 시를 가슴으로 읽어 낸 아이가 있었다. 아이들이 이 시를 이해하게 도와준 입시 제도에 감사를 표해야 할까? 물론 학생들이 반드시 고되지 않은 삶을 살아야만 하는 것은 아니다. 그러나 '현실이 원래 그렇다.'며 위로하는 것만이 해답은 아닐 것이다. 청소년기는 '어떻게 살아남을 것이냐?'도 배워야 하지만 '어떻게 살아갈 것이냐?' 역시 배워야 하는 시기다.

모든 것을 처음으로 경험하는 10대 시절, 시작의 설렘과 기쁨을 모르고 자라나는 불행한 아이들이 여기 있다.

'중2병' 지나가니 '고2병' 오는구나

23

선배들의 수능 성적표가 나올 때면
고2 학생들은 유난히 곤두선다. 본인들도 고3이 된다는 걸
실감하기 때문이다. 자아 분열이 따로 없다.

고2 교실은 기말고사 준비가 한창이다. 평소 같으면 시험 생각에 여념이 없어야 할 교실에 이전과는 다른 긴장감이 흐른다. 수능 성적표가 나왔기 때문이다. 주변에서 들리는 이야기가 많으니 본인들도 곧 고3이 된다는 사실을 실감하는 것 같다. 아이들은 툭하면 "고3 때는 학원을 바꿔야 하느냐?"라거나 "선생님이 과외를 해 주면 안 되느냐?"고 묻는다. 이미 내가 건네줄 말을 아이들은 알고 있다. "하던 대로, 흔들림 없이 해 나가면 된다." 하지만 열심히 했든 안 했든, 2년 이상을 공부에 투자해 왔건만 성적이 원하는 만큼 나오지 않은 아이들은 이 말에 풀이 죽는다. '1년 안에 기적이 일어나서 성적이 나왔으면 좋겠다.', '그 안에 뭔가를 해내지 못하면 어쩌지?'라는 기대와 불안 속에서 아이들은 묻는다. "그렇겠죠? 그런데 선생님 저 진짜 어떻게 해요?"

그야말로 자아 분열이 따로 없다. 2년간 성실하지 못했던 순간들에 대한 자책, 고민하면서도 막상 책상에 앉으면 아무것도 하기 싫어지는 자신에 대한 불안, 곧 고3이 된다는 압박과 뭐라도 좋으니 사교육이라도 더 많이 받아 봐야 하지 않느냐는 일말의 탈출구를 찾는 마음까지 뒤섞여 아이는 갈피를 잡지 못한다.

이런 장광설을 해마다 듣다 보면 아이들에게 '이상적인 고3'의 모습이 따로 있는가 하는 의문이 든다. 아이들은 자신이 갖춰야 할 덕목과 그 기준에서 미달된 자신의 단점까지 꿰뚫고 있다. 그 기준에 비해 한참 '모자란 자신'이 마음에 들지 않는 것도 같다. '명문대 합격 수기' 같은 걸 누구보다 많이 알고 있는 아이들이니 마음은 이해가 된다. 하지만 아이들이 자기 자신하고 그만 싸웠으면 좋겠다.

이 아이들이 고등학교에 갓 입학했을 때, 학교에서 좋아하는 것을 이용해 시를 써 오라는 수행 평가가 있었다. 제출 전 미리 아이들의 시를 점검하면서, 올해도 고생문이 열렸다는 생각을 했다. 글쓰기 훈련이 안 되어 있을 거라고 예상은 했지만, 이대로 내면 수행 평가 점수를 얻을 수 있을까 하는 걱정이 밀려왔다. 구석구석 배어나는 솔직함은 그 자체로 강점이었지만 그것만 건져 내기란 쉽지 않았다. 논설문 쓰기, 토론문 쓰기 같은 수행 평가가 진행되던 1년 내내 아이들은 내게 충격과 공포를 선물했다. 동어 반복이야 흔한 일이지만, 인터넷의 정보를 열심히 짜깁기해 놓고 정작 그것의 내용을 이해하지 못해 붙여 넣기조차 제대로 못하는 아이도 여럿 있었다. 그랬던 아이들이 이제는 곧잘 글을 써 낸다. 글만 쓰다 뿐인가. 문학 용어를 입에 올리고 개념을 써 가며 강사에게 술술 질문을 한다. 문학 작품을 읽으면 뭔 소린지 하나도 모르겠다고 하던 아이들이 작품의 재미를 평가할 줄 알게 됐다. 2년이라는 시간에 아이들은 엄청나게 성장했다. 그 결과가 본인의 눈에는 차지 않을지라도 말이다.

앞이 너무 까마득하면 지난 2년을 돌아보렴

나는 아이들에게 지금까지 잘 해 왔다는 말을 해 주고 싶다. 앞만 보고 가야 하는 게 너무 까마득할 때는 지난 2년을 돌아보고, 지금의 자신이 성장의 결과라는 것을 기억했으면 좋겠다고. 그 2년 속의 자신이 '합격 수기' 속의 이상적인 모습과는 많이 다를 수도 있지만 남을 통해 엿본 '열심히' 말고 스스로 납득되는 '열심'이 있었다면 그것만으로도 자기를 칭찬해 줄 줄 알았으면 한다. 못했든 잘했든 그 시간을 조금씩이나마 헤쳐 왔다는 사실은 충분히 자부심을 느낄 만하다. 성장에는 옳은 방법이라는 것이 없으니, 그저 자신에게 맞는 속도로 다시 달려가면 된다.

아이들은 내 말을 뻔한 말, 무의미한 말로 듣는다. 기껏 많이 컸다고 알려 줘 봐야 "그래도 한 번에 가야 하잖아요, 재수는 안 돼요."라는 말이 돌아온다. 물론 지금보다는 더 열심히 해야 할 테다. 하지만 재수를 하든, 삼수를 하든, 심지어 원하는 대학에 진학하지 못하든, 결과에 관계없이 원하는 것을 얻기 위해 노력해 온 시간은 그 자체로 의미 있다는 것을 아이들이 잊지 않았으면 좋겠다.

학교에서
가르쳐 주지
않는 것들

수능이 끝나고 많은 아이들이 아르바이트를 시작했다.
아이들의 이야기를 들으며
'우리가 가르치는 원칙'에 대해 회의했다.

대학에 합격한 학생들은 무엇을 하며 지내고
있을까. 잠만 잔다는 아이, 교환 학생으로 가고 싶어서 토플 공부를
하는 아이, 학군사관후보생ROTC에 지원하기 위해 수험 공부를 다시
시작한 아이 등 나름의 시간을 보내고 있었다. 개중에는 돈을 벌기 위
해 처음으로 아르바이트를 시작한 아이도 있었다. 일을 나선 동기는
저마다 달랐다. 하지만 불합리한 상황에 놓여 있는 것은 다 같았다.

한 아이는 식당에서 하루에 5시간씩 주 5일 홀서빙 일을 했다. "힘
들긴 했지만 사회 경험이 쌓인 것 같다."라며 뿌듯해 했다. 일하는 동
안 쉬는 시간은 없었다고 했다. 노동자가 4시간 이상 일하면 사용자가
30분 이상의 휴게 시간을 근로 시간 도중에 자유로이 보장해 줘야 한
다는 것은 전혀 모르고 있었다근로기준법 제54조. 시급은 6,200원이었다.
아이는 '용돈이 꼭 필요했던 것도 아니고, 부모님이 차라리 공부를 하
라며 싫어하시기도 해서' 한 달만 하고 그만두었다고 했다.

하지만 일을 쉽게 그만둘 수 없는 아이들도 있었다. 부모님이 이제부터 용돈은 스스로 벌어 쓰라고 해서 주말에 호텔에서 아르바이트를 하는 아이가 있었다. 오전 8시 30분부터 오후 6시 30분까지 하루 10시간씩 일한다고 했다. 누가 묻지도 않았건만 "저도 선물 사 오고 싶었는데 일하려고 머리망 사고, 구두 사고, 월급 탄 걸로 가족들 치킨 사주니까 돈이 없어요!"라며 해맑게 웃었다. 하루에 7시간 이상 일하면 안 된다18세 미만의 근로 시간은 하루 7시간이다. 근로기준법 제69조는 내 말에 아이가 되물었다. "선생님, 그런데 점심시간에 밥 주고 일 안 시켰다고 시급을 빼요. 점심시간이 30분밖에 안 되는데 완전 어이없어요.", "아 또, 이틀 일하면 10만 원인데 계산해 보면 최저 시급이 안 나오거든요? 그런데 일당으로 받으면 원래 그런 거래요. 맞아요?"

요즘은 아르바이트 노동 조건쯤은 학교에서 가르쳐서 졸업시키지 않느냐, 곧 스무 살이니 이런 판단은 스스로 할 수 있는 어른이 된 것 아니냐고 반문할 수도 있다. 하지만 동네 아는 빵집에서 한 달 내내 일하고 나서 "얼마 받을래?" 하는 주인의 말에 '아는 어른인데 최저 시급대로 다 달라고 하면 안 되겠지?' 하며 우물쭈물할 만큼 아이들은 아직 어수룩하다. 자신이 아직 서툴다는 것을 인지하고, 어른으로서 완전하지 않다고 생각하기에 최저 시급을 받지 못하더라도 '열정페이는 당연하다.'고 여길 만큼 순종적이기도 하다. 아직 완전한 어른이 아니기에 적극적으로 판단하고 저항할 줄 모르는 아이들을 당장 어른의 사정으로 이용하지는 않았으면 좋겠다. "어리고 일도 못하는 애들을 고용해 준 게 누군데!"라는 시혜적인 태도를 지닌 어른들에게는 들리지 않겠지만.

"어차피 다른 아르바이트도 다 똑같아요"

그나마 부모님과 상의해서 부당한 조건의 아르바이트를 하지 않을 수 있다면 다행이다. 하지만 아르바이트를 해서 학비에 보태야 하는 아이들, 입학 후 생활비를 스스로 벌어 쓰지 않으면 안 되는 아이들에게는 문제가 심각해진다. 그런 아이들에게 노동 조건이 불합리하다는 이유로 일을 하지 말라고 할 수는 없는 노릇이다. 어떤 아이는 주 6일을 하루 10시간씩 스시 뷔페에서 일했다. 사람이 없을 때 30분 정도 쉰다고 했다. 아이는 자신이 최저 시급을 받고 있다고 자신만만하게 말했다. 초과 근무 수당을 받았다는 이야기는 듣지 못했다. 편의점 야간 아르바이트를 구했다는 또 다른 아이는 3개월간 수습 기간이라서 시간당 4,800원을 받는다고 했다. 최저 시급의 80%를 계산한 금액이다. 아이는 "대학 가서도 계속하려고 야간으로 구했다."라고 했다. 아이에게 수습 기간은 불법이고, 야간 근로 수당이라는 게 있다고 알려 줬지만, "어차피 다른 데도 다 똑같아요. 어쩔 수 없어요."라는 대답이 돌아왔다.

세상이 아이들에게 '교육에서 말하는 '원칙'은 소용없다.'는 것을 다시 가르치는 셈이다. 우리는 무엇하러 권리를 가르치고 교육한 걸까. 아이들이 세상에 나가서 처음 배운 것이 불합리와 체념이라면 그 아이가 만들어 갈 세상도 달라질 리 없다.

친구는 무슨,
모두가 이겨야 하는
라이벌이다

모든 것을 우열로 가려야만 하는 현 입시 제도 속에서
아이들은 인성과 자존심에 상처를 받는다.
극단적인 경쟁은 아이들의 정신적 건강을 저해할 것이다.

　　　　　학생 ㄱ이 결석했다. 학교에 수석으로 입학한
학생이었고, 입학 후 3번이나 전교 1등을 차지한 아이였다. 학생 ㄴ이
물었다. "선생님, 걔 왜 안 왔어요?" 평소 남에게 무관심한 아이가 이
유를 물으니 이상했다. "아파서 오늘 못 온대. 걔한테 수업 필기 좀 전
해 줄래?", "싫어요. 그냥 걔가 죽어 버렸으면 좋겠어요."

　　ㄴ의 적대감을 이해 못 하는 바는 아니다. 둘은 성격이 맞지 않았
다. 공부 스타일만 봐도 그랬다. 말수가 적은 ㄱ은 열심히 해도 공부
한 티가 많이 나지 않는 편이지만, ㄴ은 친구들과 질문을 주고받으
며 공부를 하는 편이라 같은 양을 해도 훨씬 많이 한 것처럼 보인다.
ㄱ은 ㄴ을 '말 많고 나댄다.'고 깔봤고, ㄴ은 ㄱ이 '노력도 덜 하면서
나보다 공부 잘 하니까 짜증 난다.'고 느꼈다.

　　둘은 고작 반년 전에 알기 시작했다. 입학하고 처음 서로를 인지
했을 때부터 싫어했다고 한다. 경쟁 상황에 놓여 있었기 때문이다.

ㄴ도 중학생 때까지는 전교 1등을 놓쳐 본 적이 없는 똑똑한 아이였지만 고등학교에 와서 좀처럼 ㄱ보다 나은 결과를 받아본 적이 없다. 점수가 실력은 아니라고 이야기해 줘도, 그것으로 삶의 자부심을 형성해 온 아이에게는 꽤 오랫동안 ㄱ의 존재가 불편했다. 게다가 ㄱ은 부모님까지 나서서 '우리 아이가 전교 1등이니 주변에서 우리 아이에게 맞춰 주는 것이 당연하다.'며 학원 수업과 시간표 등을 쥐고 흔들려고 하기도 했다. ㄱ 부모님의 발언이 실제로는 영향력이 없음에도 불구하고 ㄴ은 자신의 발언권이 ㄱ보다 작다고 느꼈다. 둘은 잘 지낼 수가 없었다.

불편한 관계는 피하면 그만이다. 문제는 둘이 떨어져 지내기가 쉽지 않다는 데 있다. 학교에서는 성적 상위 10%의 학생들에게 별도의 독서실을 배정했다. 시험 결과에 따라 독서실을 사용할 수 있는 학생들이 바뀌기 때문에 서로의 위치를 적나라하게 알 수 있었다. 주말에 둘은 상위권 아이들이 다니는 학원에 같이 다녔고, 성적별로 학급을 나누는 학원에서는 늘 함께였다. 게다가 교내 동아리 소속마저 같았다. 학교 생활기록부에 기록됐을 때, 의미 있는 평가를 받을 만한 활동을 하는 동아리는 몇 개 없기 때문이다. 화합을 기대할 수 없는 조합이지만 좋은 기록을 위해 둘은 나란히 기장, 부기장이 되었다. 주변 친구들은 동아리 회의 때마다 ㄱ은 ㄴ을 깡그리 무시하는 모습을, ㄴ은 ㄱ에 대한 적대감을 고스란히 드러냈다고 했다. ㄱ의 결석 소식에 "죽어 버렸으면 좋겠다."라고 많은 아이들 앞에서 큰 소리를 낼 수 있었던 것은 특별한 사건이 아니었다. 학급 아이들은 무덤덤했다. 다들 비슷한 감정을 알고 있을 터였다. 아이들에게는 경쟁에서 벗어나 숨통을 트일 공간이 필요했지만, 아이를 둘러싼 공간에는 경쟁 외의 것이 들어오지 못했다.

선생이 나서서 "필기를 빌려 주라."며 관계를 붙여 보려 했을 때, 아이는 기가 막혀 했다. 갈등의 가장 큰 요소인 '공부' 기록을 건네주라고 권한 것이니 말이다. 내가 품고 있던 교우 관계에 대한 이상 때문에 아이들의 갈등이 무시당했던 것이다. 불편해하는 아이에게 "선생님 아니면 한 대 때렸겠다. 그래도 서로 너무 미워하지는 마. 의대 가서 둘이 또 만나면 어떻게 해?"라고 상황을 눙쳤더니 아이는 "끔찍한 소리 하지 마세요!"라며 비명을 질렀다. "걔 학원 좀 안 다니게 하면 안 돼요? 진짜, 왜 안 죽냐?"

숨 돌릴 곳이 없어요!

상대 평가 제도에서 라이벌은 자연스럽게 형성된다. 학교뿐 아니라 어디에서라도 평가를 받는 입장에 놓이면 어쩔 수 없이 생기는 감정이다. 그 관계를 감당해 내는 방법을 미리 배운다고 나쁠 것은 없다. 이 경쟁은 투입되는 사교육 수준도 비슷하고, 기울이는 개별 공부 시간도 차이가 없으며, 평가 기준이 동일한, 겉보기에는 참으로 공정한 경쟁으로 보인다. 게다가 상호 견제 속에서 성적이 오르는 이상적인 관계이기도 하다.

문제는 숨 돌릴 곳이 없다는 데에 있다. 학교, 학원, 심지어 동아리에서까지 경쟁 대상과 붙어 있어야 하니 말이다. 아이의 주변에는 우열 관계로 이뤄지지 않은 공간이 없다. 다른 삶의 형태가 허락되지 않으니 매일같이 깎여 나갈 자존감을 보상받는 방법은 우위에 서는 것일 수밖에. 극단적인 경쟁은 결국 아이의 정신적 성장을 저해할 수밖에 없다. 자신의 열등감, 질투, 조급함을 긴 호흡으로 해소할 방법을 배우지 못했기 때문이다. 그 증거로 이미 자신의 라이벌에게 위해를 가하는 것에 무덤덤해진 아이들이 있지 않은가. SNS에 올라온 친구의 대학 합격증을 보고 입학을 취소시켰던 한 재수생의 일화는 미처 예상치 못한, 개인의 일탈이라고만은 말할 수 없을 것이다.

엄마인가
입시 매니저인가

전업주부에게 자식의 입시 결과는 엄마로서의 능력을 측정하는
잣대가 된다. 과연 자식을 일류 대학에 보냈더라도 엄마 자신의
삶을 포기한 결과라면 그것이 축하할 만한 일일까?

"집 안이 바뀌어야 아이가 마음을 다잡을 것
같아서 방 인테리어를 바꿨어요. 책상도 싹 새로 하고요. 이거 보세
요." 한 어머니가 휴대폰을 꺼내 아이 방 사진을 보여 준다. 아이가 새
로 산 인체 공학 책상에서 공부하는 모습이다.

다른 부모는 이렇게 말한다. "자식이 애쓰는데, 부모가 할 수 있는
건 다 해 줘야지요. 집 안 그릇도 전부 갈았어요. 엄마도 이렇게 노력
한다는 걸 보여 주려고요." 다른 부모는 아이가 밥을 먹을 때마다 새
로 바뀐 그릇을 보며 새 각오를 다지길 바랐다. 자식이 고등학생이 된
다는 것은 부모도 수험생이 되어야 한다는 것을 의미한다.

입시에 대한 중압감을 모든 부모가 동등하게 느끼지는 않는다. 아
이에 대한 안쓰러움을 삼키는 경우도 있고, "고등학교 공부 어렵지?
아빠도 옛날에 얼마나 힘들었는지 몰라." 정도로 애정을 표현하는 부
모도 있다. 상대적으로 큰 압박을 받을 때는 엄마가 전업주부인 경우

다. 아이의 입시 결과가 나쁠 경우, "집구석에 있으면서 애 하나 똑바로 가르치지 못하고 무엇을 했느냐?"라는 책망을 듣기 때문이다.

요즘 전업주부들에게는 언제라도 더 좋은 수업을 받게 하기 위해 학원 동향을 파악하고, 평가를 공유하는 것이 필수인 듯하다. "남들은 팔자 좋게 아이를 학원 보내 놓고 수다나 떤다."고 말한다. 일하지 않는 것을 부러워하는 시선이다. 그러나 실상 전업주부들에게는 '제 팔자'라는 것이 없다. 아이를 학원에 데려다 주고 나서 근처 커피 전문점에 삼삼오오 모이는 것은 수다를 떠는 게 아니라, 하나라도 더 정보를 캐내기 위해 애쓰는 과정이다. 모두들 '엄마의 정보력은 필수'라고 입을 모은다. 엄마들은 그것을 안 할 경우 내 아이가 도태될까 봐 두렵고 아이에게 죄를 짓는 기분 든다고 한다.

전업주부에게 자식의 입시 결과는 엄마로서의 능력을 측정하는 잣대가 된다. 이들은 자신에게 주어진 '입시 매니저'라는 역할에 강한 책임감을 느낀다. '잘 키워 내야 한다.'는 압박은 신념이 된다. 이들은 아이가 참석할 수 있는 교내 행사 일정을 짜고, 아이와 봉사 활동을 함께 할 모임을 만든다. 집에서 매달 모의고사를 치르며 시험 감독으로 분한다. 지난달에 치른 시험에 비해 성적이 떨어진 과목을 확인하고, 과목 담당 강사에게 "원인이 뭔지 분석해서 보고해 달라."고 연락을 하기도 한다. 그렇게 열심히 해도 아이가 원하는 결과를 내지 못하면 전업주부에게는 "허구한 날 놀러만 다니니까 애가 그 모양이지."라는 비난이 따라온다. 억울할 법도 하다. 하지만 정작 엄마 본인도 '자신의 몫을 다하지 못했기에' 문제가 생긴 것으로 본인에게서 책임

소재를 찾는다.

내 인생을 다 바친 입시 매니저

아이를 재촉하고, 다시 달래서 공부를 시켜야 하는 것도 엄마의 몫이다. 종종 아이의 반발을 감당할 수 없어 "학원에 맡겼으니 알아서 해 달라.", "애가 엄마 말을 듣나요? 선생님이 해 주셔야죠."라며 선생을 찾기도 하지만 입시 전쟁에 마지막까지 함께할 사람은 결국 엄마이기에 이 업무에서 자유로울 수가 없다. 이 시간과 노력을 인정받는 길은 단 하나다. 좋은 입시 결과. 그것이 따라올 때, 엄마들은 스스로 들인 공을 인정하고 칭찬할 수 있다. 하지만 그렇지 않더라도 엄마가 아이를 잘못 키웠다고 비난하는 것이 옳은 일일까? 좋은 결과를 얻더라도 엄마 개인의 삶을 포기하고 얻은 결과라면 그것이 축하할 만한 일일까? 어른들은 말한다. "자식 잘 되는 것이 최고의 복!"이라고. 하지만 그저 자식이 잘 됐으니 만족하는 것이 전업주부에게 주어진 삶이라면 엄마의 인생은 어디 있나. 내 자식을 잘 키웠으니 괜찮다고 자위하면서 자신의 모든 가능성을 원래 없었던 것처럼 여기는 것 말고는 엄마가 할 수 있는 것은 무엇일까. 자식의 입시는 자식에게 맡기고 엄마는 본인의 인생을 즐길 수는 없는 것인가? 자식 교육에서 엄마에게 주어진 역할이 무엇이어야 하는지 고민해 봤으면 한다.

질문은
아이에게
직접 하라

부모는 자녀와 소통을 지속적으로 해야 한다.
결국 공부 방법에 대한 해답을 알고 있는 사람은
아이 자신이기 때문이다.

답을 정했지만 타인에게 확신을 얻고 싶을 때가
있다. 행동하기 전에 타인의 판단을 들어 보고 싶을 때도 있다. 아이 교
육에 있어서는 더 그렇다. 금쪽같은 내 새끼를 나보다 더 아낄 사람은
없다. 하지만 자신의 판단이 맞는지 헷갈린다. 부모의 판단이 아이에
게 미칠 영향력을 알기에 신중해지는 것이다. "공부는 혼자 해야 하는
건데…… 애가 혼자 두면 하질 않으니까 학원에 보내야죠.", "애가 말
을 너무 안 듣네요. 아이를 좀 야단쳐 주시면 안 될까요?"

부모의 가치관과 현실의 욕망은 충돌한다. 사교육도 체벌도 나쁘
다고 믿어 왔다. 하지만 보충과 훈육이라는 명분으로 행하는 것은 괜
찮을 것 같다. 시행해도 좋다면 '적당히'의 수준은 어느 정도가 되어
야 할지 의문스럽다. 부모가 선택하기 어렵다면, 아이와 의논하면 될
일이다. 하지만 아이는 부모의 문제의식에 공감하지 못한다. 오히려
많은 아이를 상대하는 강사가 객관적일 것 같아 묻는다. "어떻게 하는

게 좋을까요?"

이 질문에 답하는 것은 그리 어렵지 않다. 학원도 장사인데, 가진 좋은 물건을 필요로 하는 사람에게 파는 것이 뭐가 그리 어려운 일이겠나. 강사와 부모는 같은 욕망을 공유하고 있고, 실현해 낼 수 있는 방법도 알고 있다. "체벌이 나쁘고 사교육이 과한 것은 다 알죠, 하지만 현실이 그렇지 않으니까 부모님도 고민이 많으시지요?"라며 서로의 가려운 곳을 긁어 주면 될 일이다. 편하게 생각하면 그렇다. 전인교육은 어차피 공교육의 몫이고, 사교육은 성적을 올리려는 필요만 만족시켜 주면 된다. 체벌을 가하든, 독방에 놓고 감시를 하든 '아이가 공부를 했으면 좋겠다는' 부모의 고민을 해결해 주면 그만이다.

하지만 가르치는 사람이 아이에게 줄 영향을 알면서 모르는 척, 부모의 가려운 곳만 긁어 줄 수는 없다. 잘 들어 보면 부모의 고민에는 본인이 자각하지 못하는 다른 의미가 있게 마련이다. 부모는 어쩌면 체벌을 해서라도 공부를 시켰으면 하면서도, 내 새끼를 직접 벌주고 싶어 하지 않을 수도 있다. 심적 부담을 외주화하는 것이다. 어쩌면 자신은 화가 나서 잔소리부터 나오니 선생이 늘 칭찬만 하면서 끊임 없이 곁에서 사기를 북돋아 주기를 바라는 것일 수도 있다. 이런 문제에는 부모가 말하지 않은 본인의 '바람'이 투영되어 있다. 그것에 아이의 의견은 반영되어 있지 않다.

강사도 깊이 있게 고민하고 현실적인 대답을 내놓을 수는 있다. 말 그대로 교육이 강사 본인의 전문 분야이니 제 나름대로 교육 철학도, 경험을 통해 얻은 해법도 갖고 있을 것이다. 하지만 교육을 받아야 할 아이의 의사가 명확하지 않은 이상 무작정 끼어들 수는 없는 노릇이다. 아이의 성향과 목표 의식을 알고 있을 때 비로소 부모와 강사가 아이를 중심으로 합의 지점을 찾을 수 있는 것이다. 일주일에 고작 몇 시간 다니는 학원이 아이에게 별 영향을 끼치겠느냐는 의문이 들 수도 있다. 하지만 부모가 원하는 선생이 아이와 상극일 수도 있고, 남에게 좋은 선생이 내 아이에게는 아이를 괴롭히는 사람이 될 가능성도 충분하다. 아이들은 자신의 학업 태도를 평가받을 것이 염려돼 학원에 대한 평을 부모에게 하지 않는 경우도 있는데, 그것에 부모는 아이가 잘 적응하고 있다고 착각할 수도 있다. 아이와 합치점을 찾지 못한 교육 방향은 아이에게 무척 괴로운 일이 된다. 그건 단지 수업을 '잘 가르치느냐', '못 가르치느냐'의 영역을 넘어선다. 학원 강사는 아이의 가장 가까이에서 영향을 줄 수 있는 어른이기 때문이다.

공부 방법에 대한 해답은 아이 자신이 가장 잘 안다

강사가 과제나 시험을 관리하는 방식, 강사의 교육관, 농담 한마디에서 알 수 있는 사고방식 등은 아이를 둘러싼 일상이 된다. 수업만 한다고 생각하지만 수업 외적인 것의 파장도 무시할 수 없다. 심리적인 거리가 가까워질수록 강사가 갖는 아이에 대한 영향력은 커진다. 성적이 빨리 오르지 않아도 조금 더 학원에 보내 보면서 강사와 호흡을 맞춰 가는 게 일반적인 흐름인 것을 고려하면, 이 부분은 더욱 중요해진다.

"우리 아이가 학원에 대해 별 말을 안 해요.", "학원에 대해 뭘 아나요, 말 없으면 그냥 잘 다니는가 보다 해야지요." 학부모들은 아이들하고 대화하는 게 쉽지 않다고 토로한다. 그도 그럴 것이, 고등학생쯤 된 아이들은 이제 좀 컸다고 부모가 간섭하는 것을 싫어하기 때문이다.

하지만 아이가 부모와 대화하지 않으려 해도 부모는 대화를 계속 시도해야만 한다. 공부를 시키고 싶어도, 당사자가 수긍한 방식으로 이루어져야 한다. 그렇지 못하다면 부모와 강사의 욕심 아래 아이가 원치 않는 시간을 보내게 되는 경우가 발생하기 때문이다. 아이가 뭘 원하는지 모르겠다면 현재 아이를 맡기고 있는 강사를 통해서라도 아이의 모습을 엿보고 접근할 수 있어야 한다. 결국 자신에게 필요한 답을 아는 것은 아이 자신이기 때문이다.

학벌과
자존감은
비례하지 않는다

아이들은 학벌 앞에서 한없이 작아진다. 하지만 비교 우위에 서는 것만이 전부는 아니다. '서울대'를 나온 사람이 모두 행복한 것도 성공한 것도 아니기 때문이다.

강사의 학벌은 사실상 수업 실력과 관계가 없다. 하지만 학생이나 학부모 입장에서는 모든 수업을 들어 볼 수 없으니 이왕이면 학벌 좋은 사람에게 배우고 싶어한다. 수능이라는 한 번밖에 없는 기회에 모험을 하고 싶지 않기 때문이다. 학벌이 좋다고 수업에 노력을 덜 기울일 리도 없고, 학생 때 수능을 잘 치러 봤으니 자신만의 노하우를 더 많이 가지고 있을 것이란 기대도 든다. 아이들 입장에서는 '서울대' 출신 강사를 선택하는 것이 불안을 최소화시킬 수 있는 최적의 방법인 것이다.

어떤 직장인이 학벌 문제에서 자유로울 수 있을까. 옳고 그름의 문제를 차치하고, 현실에서는 소위 말하는 '일류대'가 아닌 이상 어느 정도는 감수해야 할 패널티가 있다. 학생과 강사의 관계도 이와 같다. 아이들은 언제든 "선생님 학교 어디 나왔어요?"라고 묻는다. 선생님이 좋으니 단순히 알고 싶어서 묻는 경우도 있다. 하지만 대답이 기대

엄마 심사대

110

치보다 미달될 때, 표정이 일그러지기도, '수준 떨어져서 못 듣겠다.'
고 싫어하는 경우도 있다.

혹자는 아이가 사람을 재는 법부터 배우는 것에 대해 우려하는 목
소리를 낼 수도 있다. 몇몇 강사는 마음이 상해 그런 아이는 가르치고
싶지도 않다고 한다. 하지만 이렇게까지 해야 하는 것이 학벌 사회에
서 살아남기 위한 아이들의 생존 전략인 것이다. 차별이 만연한 사회
에서 학생들만 콕 집어서 '간 보기'하는 것을 질책하고 싶지는 않다.
잣대는 남에게만 적용되는 것이 아니다. 어떤 아이는 자신의 정체성
이 '인 서울 몇 위 학교'로 인식되는 것에 자부심을 모두 건다. 학벌을
자신에게 더 가혹하게 적용하는 것이다.

어른들은 안다. 학벌이 아니어도 자신을 증명해 낼 수 있는 방법이
있음을. 차별로 인해 어려움을 겪었던 적이 있을지라도, 자신만의 방
식으로 삶을 꾸려 온 자신감이 있기 때문이다. 학벌 때문에 학생 유치
에 어려움을 겪는 강사들만 해도 다른 직장인들처럼 직무 능력으로 승
부한다. 억울하다고 학벌을 세탁하려는 노력보다는 수업을 잘 하려고
애쓰는 것이 훨씬 빠르기 때문이다. "저 선생 ○○대라는데, 정말 잘
가르친다."는 말이 나오면 더 이상 학벌은 약점이 되지 않는다. 반대
로 "서울대면 뭘 해요, 아이들이 아무도 안 듣는데."라는 말이 나오면
제 아무리 일류대를 나온 강사라도 살아남기 힘들다. 강의로 인정받기
까지 오랜 시간이 걸릴 수는 있지만 결과는 공정하다.

하지만 아이들은 다르다. 공부가 제 업이자, 학벌만이 존재를 증명
할 방법인 세계에서 산다. 그렇기 때문에 아이들은 학벌 앞에서 한없

이 작아진다. 강사의 출신 학교를 묻는 것은 결국 타인의 정체성을 인식하기 위해 학벌이라는 정보가 꼭 필요하다는 뜻이며, 그것은 자기 자신에게도 동일하게 적용될 기준이다. 아이들에게 자신이 진학한 학교 이름은 자신의 일부가 된다. 소속감 형성을 넘어서 자기 자신의 삶에도 대학의 등수를 매겨 넣는다.

그렇기에 아이들에게 비교 우위에 서는 것만이 전부가 아니라는 것을 알려 주고 싶다. 입시 결과에 따라 자신을 열등하게 여기거나 모든 불행을 '학벌' 탓으로 돌리며 속이 문드러져 가는 아이들을 그만 보고 싶다.

중요한 것은 학벌이 아니라 자존감이다

친하게 지내던 학생들이 대학에 진학했을 때의 일이다. 내가 보기에 모두 열심히 살았던 아이들은 각기 다른 대학에 진학했다. 목표 대학에 진학하지 못한 아이들은 "만족스럽지 않다.", "재수할 자신은 없다."고 주절주절 묻지도 않은 말을 늘어놨다. 어떤 아이는 한 학기를 다니며 다시 입시 준비를 하고, 또 다른 아이는 대학 때문에 "인생이 꼬인 것 같다."고 슬퍼하기도 했다. 그때 알았다. 아이들은 '자신이 노력해서 얻은 것'에 자부심을 느끼는 방법을 모른다는 것을. 그것은 자신의 삶을 대학 등급으로, 타인의 눈으로 평가하기 때문이다. 스스로 들인 공을 자랑스러워하지 못하는 아이들은 대학 안에서 살아가고 있는 현재를 충실하게 사랑하지 못했다.

자존감은 자신이 지금까지 쌓아 온 삶을 존중하는 것에서 나온다.

대학에서 보낸 청춘, 서투르기 짝이 없던 전공 공부, 교수들의 학풍과 같은 것이 출신 학교를 자랑스러워하는 이유가 될 수 있다는 것을 단 한 번도 가르쳐 주지 못한 것이 후회스러웠다. 아이에게 더 높은 삶을 강요하느라 당장의 자신을 아끼는 법을 가르치지 못한 것이다. 하지만 선생들의 출신 학교보다 강의 능력을 볼 줄 알았던 아이들이다. 남을 인정했던 마음처럼 언젠가는 자신의 노력도 아낄 줄 아는 아이로 클 것이라 믿어 본다. 아직 고등학생인 아이들에게도 '좋은 대학에 가야 한다.'보다는 '대학 이후에도 삶이 지속된다.'는 것을 가르쳐 주고 싶다. 나는 오늘도 아이들 스스로 자존감을 채우게 할 방법을 고민해 본다.

'착한 일베'라는
아이들의
착각

일베 문제를 한때 유행으로 취급하면
한없이 사소해 보일 수도 있다.
하지만 청소년들에게는 어떤 지식도 사소할 수 없다.

　"선생님, 얘 일베해요!" 시작부터 수업받기 싫은 기색을 보이던 아이가 기어이 강수를 던졌다. 아이들은 소란을 피울 생각에 들떠 있었다. 앞다퉈 서로를 일베_{일간베스트저장소} 유저로 가리켰다.

　아이들은 일베 이야기를 싫어할 것으로 보이는 선생들만 골랐다. 주로 남학생반 수업에 들어간 여선생들이었다. 한 선생은 "수업 중에 애들이 자꾸 '오뎅' 얘기하고, '노무노무' 그러는데 뭔지 나중에 알았어요."라며 기가 막혀 했다. 다른 선생은 "일베는 나쁜 거야."라고 한마디 했다가 "선생님, 전교조예요?"라는 항의를 들었다. 간혹 같은 일베 유저로서 아이들과 함께 '민주화' 이야기를 했다는 어떤 선생의 일화도 전설처럼 들려왔다. 일베하는 아이들이 의외로 모범생이고 공부도 잘하는 친구들이더라는 소문도 따라왔다.

　일베 '헤비 유저'로 지목당한 아이도 그랬다. 수업 태도 좋은 우등생이고 어른에게 순종적인 아이였다. 아이가 제 발로 교무실로 찾아와 "선생님, 제가 일베한다고 해서 충격받으셨어요?" 하고 물었다. "나는 잘 몰라. 그거 재미있어?", "배울 게 많아요. 교과서에서 안 가르쳐 주는 내용도 많이 알려 주고요.", "그렇구나, 그런데 사람들은 왜 나쁘다고 할까?", "이상한 사람들이 없는 건 아닌데요, 공부 잘하고 착한데 일베하는 아이들도 많아요. 그런 애들은 착하게 일베하니까 괜찮은 거 아니에요?", "착하게 일베하는 게 뭐야?", "역사 같은 것도 배우고, 정치 같은 거, 너무 심한 것은 안 보고⋯⋯." 모르던 지식을 배우고 있으니 일베가 해가 되지 않는다는 해명이었다. 또래들은 모르고 어른들도 가르치지 않는 역사를 배운다는 것을 특별하게 여기는 듯했다.

한 아이의 특이 사례가 아니다. 경기도교육연구원에서 발간한 보고서 「중·고등학생의 맹목적 극단주의 성향에 대한 연구-일베 현상을 중심으로」에 따르면 성적이 '상'인 학생이 '일베에 대해 자세히 알고 있다.'고 답한 비율은 20.9%에 달한다. 이에 비해 성적이 '하'인 경우 같은 항목에 답한 학생이 8.9%에 불과하다. 성적 높은 아이들이 인정 욕구가 높은 경우도 많으니 자신만이 알고 있는 지식이 많을수록 특별하다고 느낄 법도 하다.

일베는 자극적인 소재로 몰입력을 높이는 것은 물론 그럴싸한 출처를 붙여 아이들에게 지식을 전달하고 설명해 왔다. 아이가 부지런을 떨며 출처의 편향성을 지적해 내고, 다양한 관점의 역사를 배우면 좋겠지만, 수험 생활에 치여 머리를 식히려고 하는 일에 그 정도로 정성을 기울일 리가 없다.

"일베를 하는 아이들이 아는 것도 많아 보이고, 학교에서 당당하고 말도 잘하니까 멋져 보인다."고 조심스럽게 털어놓는 아이들도 있다. 일베하는 아이를 "저렇게 똑똑하니 일베도 할 수 있다."며 특별하게 보기도 한다. "일베하는 애가 선생님을 말발로 발라 버렸다."면서 무용담을 전하는 것은 물론이고.

일베가 우등생의 상징이라고?

또래와 다른 특별한 사람이 된 것 같아 으스대고 싶은 마음을 어찌 이해하지 못할까. '어른들이 나쁘게 생각하는 것을 알지만 해 보면 나쁘지 않은 것'의 목록에서 만년 1등이던 '흡연' 항목에 '일베'도 나란히 이름을 올린 것 같았다. 다만 흡연이 일진으로 가는 길, 즉 탈선의 상징이라면 일베는 우등생의 상징 정도가 될 터였다. 이들이 공동체가 걸어온 발자취를 존중하지 않는 지식을 갖는 것은 걱정스러운 일이다.

고등학교의 정규 교육 과정에는 역사 교육이 포함되어 있다. 하지만 역사 교과서가 근현대사에 적은 양을 할애하고 있는 실정을 생각하면 암담해진다. 게다가 '이미 다 아는 것'을 다시 배운다고 할 때 아이들이 보이는 거부감, 그리고 일베보다 재미있지도 않고 자극적이지도 않은 서사에 아이들의 흥미를 붙잡는 것 등이 또 다른 문제다.

일베 문제를 아이들의 한때 유행이려니 하며 아무것도 아닌 것으로 취급하면 한없이 사소한 문제가 될 수 있다. 하지만 지식을 스펀지처럼 빨아들이는 청소년들에게는 어떤 지식도 사소할 수 없다는 점을 간과해서는 안 된다.

맞아야
공부한다니

아이가 체벌이라는 수단을 원하더라도,
그들에게 어떤 필요에도 자신을 쉽게 훼손시키지 않을 당당함을
가르쳐야 한다.

여전히 학생을 때리는 학원이 있다. 체벌은 쪽지 시험에서 틀린 개수대로 가해지거나, 지각·결석·과제 미이행 같은 경우에 행해진다. '강제성이 있어야 공부를 한다.'고 여기는 학생들은 이런 학원을 선호한다. 선생 입장에서도 결과를 만들어 내기가 한결 수월한 방식이다. 이런 학원은 입소문도 잘 난다. 학원에 보냈으니 뭔가 달라지는 모습을 기대하는 학부모들의 입맛에도 딱 맞기 때문이다.

단기간에 성적을 내야 하는 입시 학원에서 원칙을 좀처럼 지키지 않는 아이에게 약간의 체벌은 필요한지도 모른다. '사랑의 매'라는 말도 있지 않나. 아이가 '말로 해서는 듣지 않는' 시점에 다다랐다고 판단하면 선생은 훈육이라는 명목으로 매를 든다. 초기 효과는 강력하다. 맞는 게 '자존심 상해서' 혹은 '무서워서' 아이들은 순종한다. 결과가 좋으니 양쪽 다 입을 모아 "좀 맞아야 말을 듣는 것 같다."라고도 한다. 체벌은 아이를 통솔하는 매력적인 수단이다.

하지만 모든 일은 익숙해지게 마련이다. 아이들은 "처음 맞으면 공부를 열심히 해야겠다는 생각이 들지만, 하도 오래 다녀서 이젠 맞는 게 너무 익숙해요. 그냥 앞에 가서 몇 대 맞고 돌아오면 되니까요." 라고 한다. 맞는다고 공부를 딱히 하지는 않는데, 학원에 안 다니면 그나마도 책을 펼쳐 볼 생각을 하지 않기 때문에 그냥 다닌다는 학생도 있다.

선생의 마음도 무뎌진다. 아이의 마음을 고려하려는 노력은 점차 줄어들고, 체벌을 통해 아이들을 능수능란하게 통솔하는 힘은 커진다. 과제를 안 해 온 아이들을 교실 밖으로 내쫓고 두려움에 떨던 한 선생은 몇 해만에 한 시간 내내 아이들에게 폭언을 퍼부을 수 있는 '호랑이' 선생이 되고, 손바닥 한 대를 때리고 매가 주는 생경한 느낌을 낯설어하던 선생도 아무런 거리낌 없이 아이들 손등을 때린다. 이미 훈육의 경계를 넘어섰지만 "너희를 때리는 것도 힘에 부친다. 애정이 없으면 때리지도 않는다."라는 말로 자기 합리화를 한다.

아이가 원한다고 선생이 그렇게 해도 괜찮을까? 어차피 학생들은 좋은 성적을 낼 수 있다면 무엇이든 순응한다. 그러기 위해서 본인이 비용을 지불한 것이다. 체벌은 이런 학생의 조급함과 선생의 태만이 합쳐진 결과다. 설득하고 인간적으로 호소하며, 느리지만 아이의 마음을 결국에는 변화시킬 많은 방법을 포기한 결과인 것이다. 어른이 아이에게 가르쳐야 하는 것은 단지 시험을 잘 치를 수 있는 지식만이 아니다. 아이가 체벌이라는 수단을 원했더라도, 아이에게 어떤 필요에도 자신을 쉽게 훼손시키지 않을 당당함을 가르치는 것도 선생의 몫이다. 대입까지 가는 3년 내내 학대에 순응한 아이가 어떻게 자랄지는 자명하다. 이런 이유에서라도 어른은 그들에게 가할 언어적·신체적 억압을 더 객관적으로 돌아보고 신중해야 할 것이다.

선생에게서 배우는 것은 단순한 지식만이 아니다

학원이 수십 개씩 들어선 건물에 있다 보면, 복도에 강사의 고함소리가 울려 퍼질 때가 있다. 매일 한 명씩만 새로운 말썽을 부려도 한 달 내내 새로운 화를 내게 되는 것이다. 신기한 것은 화는 내던 사람만 낸다는 것이다. 늘 같은 시간에 소리를 지르던 한 여강사는 3년째 되던 해에 기어이 30분을 채워 혼을 냈다. 그 소리를 듣던 강사들은 "나 같으면 저 학원 안 보낸다."고 혀를 끌끌 찼지만 후일 누가 그렇게 될지는 모를 일이다. 시작이 어렵지, 시작하고 나면 가장 효율적인 방법일 테니 말이다.

그렇기에 교사는 아이들이 선생에게서 배우는 것이 수업만이 아님을 반드시 숙지해야 한다. 아이들이 종종 "저 좀 때려 주세요."라고 요청을 해도, 그들에게 당장의 목표 앞에서도 수단을 가릴 줄 아는 자긍심, 폭력에 순종하지 않는 당당함, '학생 인권 조례'와 같은 자신들을 위해 마련된 권리 의식을 심어 주는 것이 교사의 역할이다. 교사가 그렇게 해야만 이 아이들이 이끌어 갈 미래에 기대를 걸 수 있을 것이다. 어떤 어른도 단지 좋은 대학에 진학한 모습만을 아이에게 바라지는 않는다. 쉬운 길을 두고도 우직하게 돌아가는 그 길에 선생의 희생

이 끝없이 요구될지라도, 그것이 가르치는 사람의 의무임을 놓치지
않았으면 한다.

나는 소비한다.
고로 교무실을
뒤엎어도 된다?

31

교육 현장에서 가르치는 이를 무시하는 일이 일어나곤 한다.
'선생'에 대한 존경이 사라진 자리에
최소한의 존중이나마 들어서길 바란다.

가끔 "선생 주제에", "네까짓 게 감히" 하며
상대를 굴복시키고자 하는 사람들이 있다. 흔한 일은 아니지만 학교
와 학원을 가리지 않고 일어난다. 그들은 선생이 자신에게 어떤 피해
도 주지 못할 것을 안다. 나아가 자신이 비용을 지불하고 구입한 '선
생'이라면 더 확실한 우위에 선다.

만일 아이를 인격적으로 무시했다면 선생이 그보다 심한 대접을
받아도 할 말은 없다. 수강생의 불편 사항에 대해 사과하고 시정하는
것은 그들의 업무다. 하지만 통상적인 업무에 이런 반응이 돌아올 때
가 있다. 교사 ㄱ은 과제를 안 해 온 아이를 불러내 발바닥을 한 대 때
렸다. 사전에 아이들과 규칙으로 정한 것이었다. 다음 날 발에 깁스를
한 아이와 그 부모가 찾아왔다. 부모는 교사 ㄱ의 처벌을 요구했고,
ㄱ은 부모 앞에서 머리를 조아렸다. 강사 ㄴ은 수업 태도가 불량한 아
이를 교실 뒤로 내보냈다. 수업이 끝나기도 전에 학부모가 학원에 찾

아왔다. "○○○ 선생이 누구야? 감히 우리 애를 벌 줘?"라며 학원 문을 벌컥 열었다. 그는 전 직원이 나와 사과를 한 후에야 돌아갔다.

가르치는 사람의 권위가 추락한 것을 한탄하고 싶지는 않다. 존경이나 권위는 강요한다고 얻을 수 있는 게 아니니, 선생들은 아이들에게 전문가로서의 신뢰를 얻도록 최선을 다하는 수밖에 없다. 이것이 불쾌한 이유는 따로 있다. 바로 인간적인 존중의 결여다. 여기에는 상대의 의견을 들어 보려는 시도가 없다. 상대도 충분히 판단하고 조치를 취한 것일 텐데, 그의 영역을 함부로 무시하고, 동등한 인격체로 취급하지 않는다. 이들에게는 학부모인 자신은 화를 내도 되고, 선생은 '감히' 그럴 수 없다고 말하는 것이 당연하다.

"우리 가족은 다 서울대 출신인데 선생은?"

일단은 돈을 냈기 때문이다. 소비자로서 비용을 지불했으니, 그에 따라오는 유무형의 자산은 당당히 누려도 되는 몫이 된다. 내 아이가 선생으로 인해 상처를 받았다고 하면, 그것은 소비자로서의 권리를 훼손당한 것이기 때문에 따질 수 있다. 선생의 역할은 부모가 원하는 형태로 공부를 시킬 수 있는 방안을 생각해 내는 것이지, 선생 스스로의 규칙을 가르치는 것이 아니란 뜻이다.

부모가 선생의 전문성을 존중한다면, 자신의 교육 철학을 피력하고 협의해 나가면 된다. 아이는 어차피 혼자 키우는 것이 아니다. 대화를 하며 맞춰 갈 시간은 충분하다. 하지만 소비자가 되면 그런 귀찮은 일을 할 필요가 없다. 원인은 돈에 국한되지 않는다.

학부모 총회에서 "우리 가족은 다 서울대 출신인데, 여기 선생들은 어디 출신인가?"라고 공공연하게 언급하는 부모들이 있다. 그들은 자신만큼 성취를 이루지 못한 교사들이 미덥지 못하다. 상대가 그 분야에서 갖고 있는 전문성은 고려 대상이 아니다. 그렇기에 선생이 내 자식에게 맘에 들지 않게 행동했을 때, "내 자식이 어떤 아이인데! 너 따위가!"라고 큰소리를 칠 수 있는 것이다.

이들에게 '교양이 없어서' 선생을 막 대한다고 비난하는 것은 맞지 않다. "저런 부모 밑에서 아이들이 뭘 배우겠냐."고 말하는 것도 어폐가 있다. 자신의 드높은 사회적 지위를 인식하고 일으키는 문제이기 때문이다. 아이에게 부모와 똑같이 가르쳐도, 그 아이 역시 별 피해 없이 클 수 있을 것이다. 이는 자신이 굽혀야 할 사람과 존중하지 않아도 되는 사람이 자연스럽게 구분된 결과다. 자신에게 어떤 영향력도 미칠 수 없는 선생을 무시하는 것이 위협이 될 리 없다. 선생의 판단을 존중해야 할 이유가 없는 것이다. 물론 교육은 서비스업이니, 이런 일들은 서비스업에서 마땅히 감수해야 하는 일일 수도 있다. 실낱 같긴 하지만 아직 선생에 대한 존중이 남아 있기도 하니 다른 서비스업보다는 존중받는 것일 수도 있다. 하지만 만연한 현상이라고 옳은 일은 아니고, 도토리 키 재기를 하며 위안 삼을 일도 아니다.

사회적인 상하 관계는 어디서나 만들어진다. 그렇다고 그것이 전혀 모르는 타인의 업무와 그 영역을 짓밟을 이유는 되지 않는다. 선생에 대한 존경이 사라진 자리에 상대방에 대한 최소한의 존중이 들어서길 바란다. 이렇게까지 서로를 할퀴고, 약점을 잡고, 감시하며 만들어 내는 긴장 관계가 무슨 의미가 있단 말인가. 모두가 더불어 살아가지는 못하더라도, 마주 보는 사람을 조건 없이 존중하는 것이 귀찮은 일로 여겨지지 않기를 바란다.

누구를 위한
학부모
모임인가

내 아이의 성향은 몰라도 그 학원에 보내
성적이 올랐다는 입소문이 나면 아이를 학원에 보내는
세태가 안타깝기만 하다.

사교육 시장에서 학부모의 역할은 어떤 강의를
내 아이에게 맞춰서 공급할 수 있는지를 고민하는 일에 맞춰진다. 아
이에게 필요한 수업을 만들기 위해 팀을 짜는 것은 기본이고, 수행 평
가부터 체험 학습까지, 준비 과정에서 시간을 들일 법한 일은 엄마가
미리 나서서 마련한다. 그 때문에 아이가 학원에 가 있는 동안 학부모
는 하루 종일 다른 학부모들과 모여 강사 품평을 하고 정보를 교환한
다. 가끔은 강사가 병원에 오갔다는 이유 하나만으로 그 강사 몸이 좋
지 않은 것 같은데 수업이나 제대로 할 수 있겠냐는 말을 만들고, 수강
생을 다른 학원으로 이동시킨다.

이런 행동에 대해 극성이라고 손가락질을 받으면, 이들은 "그건
이렇게 못 해 주는 사람들이나 하는 말."이라고 답한다. 학벌 중심 사
회를 겪어 온 부모 세대는 자식을 좋은 대학에 보내기 위해서라면 거
리낄 것이 없다. "결혼할 때도 학력 수준이 비슷한 사람끼리 뭉치잖

아요. 우리 아이, 시집이라도 잘 보내려면 좋은 대학에 입학시켜야지요."라는 농담을 공공연하게 한다. 대학 입학 하나에 명성, 직장, 결혼 등 인생 대부분이 결정된다고 믿기 때문에, 부모 입장에서는 이 중요한 시기에 내 아이가 조금이라도 손해를 보지 않도록 애쓴다.

학부모 모임은 학교나 학원에 가서 자신의 아이를 위해 세를 과시하는 방식으로 변질되기도 한다. 학원가의 카페에 앉아 있다 보면 초등학생인 아들을 앉혀 놓고 "애, 엄마가 담임 선생님에게 가서 애를 어떻게 그따위로 가르칠 수 있느냐고 아주 혼쭐이 빠지게 꾸짖고 왔어. 이제 기 죽지 마."라고 말하는 모습을 흔하게 볼 수 있다. 고등학생 딸을 둔 어머니가 "어느 학원을 보냈는데 선생님이 좀 기가 세서, 한바탕 뒤집어 주고 왔다."고 자랑하는 모습도 종종 보인다. 자식 교육에 관해서는 학교도 학원도 믿지 않기 때문에 일어나는 일이다. 내 아이를 구제할 방법이 나밖에 없다고 경험적으로 믿는 것은, 우리 사회가 아이를 키우는 데에 필요한 노력을 부모 차원에서만 강조해 왔기 때문일 것이다. 이런 까닭에 교사나 강사에 대한 불신이 높을 수밖에 없다.

안타까운 것은 아이의 앞길을 위해 이렇게 꼼꼼히 점검하고, 정보에 민감하게 반응하는 데도 학부모 모임이 양질의 정보를 갖고 있는 경우가 드물다는 것이다. 정보 대부분은 옆집 엄마 아들의 경험담에서 나온다. 수강생의 평가가 아니고 무엇으로 강사의 강의를 평가하겠냐만, 친구의 말 한마디가 학부모의 학원 선택에 결정적인 영향을 미치는 것은 위험하다. 그 아이와 내 아이는 같은 사람이 아니기 때문에 같은 영향을 받지 않을 수도 있다. 정보를 수집하는 것만으로는 자신의 아이에게 알맞은 교사를 선택할 수 없다. 언젠가 아이를 때리는 영어 학원이 입에 오르내린 적이 있는데, 소송까지 갔던 이 사건은 결국 '때리는 것을 허용하는 학원'이라는 이미지만 강화돼 그것을 좋아하는 학부모들이 몰려 성황을 이루고 있다. 내 아이의 성향은 잘 몰라도 그 학원에 보내 성적이 올랐다는 입소문이 나고 나면 맡겨 보려는 심사가 강한 것이다. 학부모 모임의 정보들은 교습 방식에 대한 점검보다는 특출한 결과를 낸 아이들의 소문에 반응하며 유행을 따라잡기에 급급한 상황이 되고 만다.

결국은 기본이 정답이다

성적을 올리기 위해서라도 더욱 기본적인 질문으로 돌아가야 한다. 시험 정답을 알려 주는 족집게 강사에 대한 환상은 진작 깨졌어야 한다. 교육 과정의 목표가 획일적인 정보의 습득에 있었던 시절은 이미 오래전에 지나갔다. 암기를 시키지 않는다는 것은 결국 무엇을 아이 머릿속에 집어넣느냐는 차후 문제라는 이야기다. 능동적인 배움을 위해 선생과 아이가 어떻게 교감하고 학습하느냐가 훨씬 중요하다. 그렇기에 사교육에 아이를 맡기면서도 '교육'이 무엇인지에 대해 고민할 필요가 있다. 아이를 기르기 위해서는 내 아이가 칭찬에 반응하는 아이인지, 훈계할 때 말을 더 잘 듣는 아이인지를 이해해야 좋은 선생을 고를 수 있다. 또한 그러한 정보를 공유하며, 또래 아이들의 공통적인 양상을 학부모들이 파악하게 되었을 때, 학부모 모임의 순기능이 살아날 것이다.

우리 아이의 부족함에 대한 얘기는 "창피해서 할 수 없다."는 부모들이 많다. 이들에게 선생이 먼저 아이에 대해 걱정하는 전화를 걸면 "어디다 말할 데도 없어서 죽겠다."고 하소연하거나 "우리 아이는 아무 문제없어요."라고 마음을 열지 않는다. 이러한 학부모들은 오늘도 아이의 목소리에 귀를 기울이지 않는다. 그렇게 수업을 듣는 당사자에 대한 관심을 닫고 학원 평가에만 열을 올릴 때, 학부모가 원하는 것을 얻는 길은 요원해진다. 학부모 모임에서 교환되어야 하는 정보가 단지 학원에 대한 정보만은 아닐 것이다.

꿈은
아이들에게
매력적이지 않다

진로를 단지 성적만으로 결정해서는 안 된다. 아이들에게
필요한 것은 자신을 알아 나가는 일이다. 자신의 인생을 설정하고,
그 범주 안에서 직업과 진로를 고민해야만 한다.

확실히 '꿈'은 아이들에게 매력적이지 않다.
물어봤자 "그러게요. 뭐 하면 돈 많이 벌어요?", "진짜 대학 잘 가면
돈 많이 버나요?" 같은 질문이 돌아온다. "돈 많이 벌고 싶으면 사업
해야지, 월급쟁이하면 돈 많이 못 벌어." 하면 "그럼 우리는 공부 왜
해요? 공부할 의욕이 사라졌어요."라고 투덜대고, "오스트레일리아
용접공은 1억 번대요. 아, 오스트레일리아 가고 싶다." 하며 순식간에
교실을 난장판으로 만들기 일쑤다. 아이들에게 꿈은 막연하고, 고리
타분한 것이다.

어쩌다가 꿈이 이렇게까지 되었을까? 고등학교 1학년 2학기가 되
면 아이들은 문과, 이과, 예체능으로 진로의 방향을 선택해야 한다.
그럴 때마다 학부모들은 "우리 아이가 꿈이 없다."고 걱정한다. 열일
곱이라는 나이에 미래에 대해 생각할 줄 아는 아이는 드물다. 대다수
는 수학이 싫어서 문과에 가고, 국어가 어려워서 이과를 선택한다. 고

민 끝에 과를 선택해 놓고도 "이과가 취업이 잘 된다고 해서 왔는데, 수학 성적이 안 나오니까 과를 바꿔야 하나?"라고 갈등한다. 게다가 고민에 허락된 시간이 많아야 한 학기, 즉 4개월에 불과하다 보니 아이들은 꿈을 진지하게 고민해야 하는 것으로 여기지 못한다. 시험 성적으로 진로를 결정하는 일은 자연스럽게 일어난다.

고르는 것은 쉽지만, 되돌리는 것은 어렵다. 아이들이 고2가 되어서 다시 과를 바꾸려 해도, 대입에 필요한 과목의 이수 시수가 모자를 위험이 생긴다. 게다가 새롭게 수능 과목을 공부해야 하는 부담도 따른다. 진로를 간단하게 바꿀 수가 없는 것이다. 대학에 가서 전공을 바꾸면 된다고 하지만, 학문의 경계는 뚜렷해서 한 번 결정된 문·이과의 장벽을 허무는 것은 그렇게 만만하지 않다. 이런 위험을 줄이기 위해서는 일찍부터 진로에 대해 고민할 수 있어야 한다. 하지만 사회인이 된 자신에 대해 생생히 그려 볼 수 있는 환경을 미리 제공받은 아이는 극히 드물다. 부모가 지닌 사회적 자본과 밀접한 관련이 있는 문제다. 아이들 대다수는 꿈 앞에서 적절한 도움을 받지 못한다.

몇몇 아이들은 인터넷을 통해 직업을 탐구하려고 한다. 아이들이 자주 가는 커뮤니티에서 접하는 정보는 '해외에서 돈 많이 버는 직업 Top 10'과 같은 단편적인 것이다. 진로 탐색이라고 해 봐야 더 많은 직업의 이름을 알게 되는 데서 그친다. 그러다 보니 아이들에게 꿈은 점점 더 매력적이지 않게 된다. 아이들에게 '알아서' 하도록 맡겨 놓아서는 안 되는 이유다. 아이들이 그나마 원한다고 할 수 있는 것이 '좋은 대학에 가서 돈 많이 버는 직장에 취직하는 것'인데, 이 역시

'돈'과 '학벌'을 쟁취해 내겠다는 열정적인 각오를 뜻하는 경우는 드물다. 돈과 학벌 때문에 일어나는 사회적인 격차를 거의 이해하지 못하고 하는 어른 흉내 내기에 불과할 때가 많기 때문이다.

고등학생은 진로에 대한 구체적인 고민을 할 수 있는 나이가 아니다. 자신이 경험한 것이 없는데 꿈의 방향이 어디서 뚝 떨어질 리 만무하기 때문이다. 하지만 자기 삶에서 중요한 가치를 설정할 수는 있다. 그런 까닭에 교외 활동을 통한 직업 체험 프로그램은 꼭 필요하다. 또한 진로 문제에서 간과하기 쉬운 삶의 가치관 형성에도 주의를 기울여야 한다. 직장에서 삶의 절반 이상을 보낼 것이니, 아이들에게 무엇을 중시하며 살아 나갈지를 물어봐야만 한다. 이를 테면 돈을 많이 벌고 싶다고 말하기 전에 정말로 돈을 많이 버는 것에서 행복을 느낄 수 있는 사람인지를 묻는 것이다. 수업 중에 "돈을 많이 벌려면 그만큼 많은 일을 해야 해."라고 가르쳐 주면, 아이들은 "저는 일을 많이 하고 싶지는 않고, 먹고 싶은 거 먹을 수 있으면 돼요." 하거나 "저는 돈 많이 벌어서 엄청 좋은 호텔 꼭대기에서 세상을 내려다보면서 살고 싶어요."라고 답을 한다.

아이가 설정한 가치에 부합하는 진로 지도를 어른들은 할 수 있다. 그러기 위해서 학부모는 자녀를 관찰해야 한다. 학업에 치이는 아이들에게 모든 직업 체험을 시킬 수는 없고, 아이가 특정 직업에 대해 뚜렷한 흥미를 드러내지 않을 때도 많다. 대신 아이는 행동을 통해 정보를 전달한다. 내 자식이 공부를 하다가 끼니를 거를 정도로 열정적인 사람인지, 또래 집단과 함께 어울리는 것을 불편해서 집단생활이 어려울 사람인지, 불의를 보면 참지 못하고 기어이 말을 하는 사람인지 등 그것만으로도 정보는 충분하다. 어른들이 알고 있는 직업에 따른 업무 강도, 급여 수준, 직무의 특성 등을 세세히 가르쳐 줄 필요는 없겠지만, 아이에게 맞춰 내놓을 수 있는 선택지는 분명 있을 것이다.

꿈꾸는 아이만큼 빛나는 존재는 없다

고등학교 1학년 2학기에 내린 결정을 바꾸는 것이 불가능한 일만은 아니다. 수학이 싫어 미술반으로 갔다가, 미술이 안 돼서 좌절하며 문과로 돌아오는 아이, 문과 관련 과목의 성적이 좋아서 문과를 갔다가 뒤늦게 원하는 직업이 이과 쪽임을 깨닫고 방향을 트는 아이 등 한두 명은 무리에서 튀어나오기 마련이다. 그렇게 헤매다가 "선생님 문과에는 무슨 과가 있어요? 이 과를 나오면 무슨 직업을 얻을 수 있어요?" 하고 진지한 얼굴로 묻기도 한다. 원하는 대학교 홈페이지에 들어가 보고 신문기사를 찾는 데까지 발전하는 아이들도 있다. 어른 도움 없이 스스로 해답을 찾는 것이다. 하지만 좋아하는 것도, 싫어하는 것도 없는 아이들 대대수에게는 진로를 결정하는 데에 있어 어른의 더 많은 도움이 필요하다.

진로를 선택한 후에 일어나는 시행착오 역시 아이들의 몫이겠지만, 그것을 줄이기 위해 부모가 조금 더 아이를 살펴야만 한다. 진로는 평생에 걸친 고민의 대상이 되겠지만 그 시작을 부모와 함께 할 수 있을 때, 아이는 조금 덜 헤맬 수 있을 것이다. 또한 아이 개인에게 맞는 적절한 지도가 일어날 때, 꿈은 다시 매력적인 것이 될 수 있다.

싫은데
왜
존중해요?

내가 아이에게 바라는 모습은
나도 실현하지 못한
어떤 '이상적인' 삶의 형태일 수 있다.

　　"예의 바른 것 다 가식 아니에요?" 고2 여학
생이 볼멘소리로 말한다. 학교에 싫어하는 선생님이 있는데, 인사를
안 하고 말투를 딱딱하게 굴었다가 혼이 난 모양이다. "선생님, 저는
솔직한 게 좋아요. 상황에 따라 얼굴 바꾸는 것 너무 싫어요."

　　아이의 눈높이에서 말을 해야 한다고 여기지만 생각만큼 쉽지는
않다. 인사조차 하지 않는 것은 타인에 대해 존중할 줄 모르는 행동이
라고 기어이 한 소리를 한다. "싫은데 왜 존중해요? 그 선생님이 저를
싫어해도 그게 무슨 상관이에요? 저도 싫은데.", "그래도 의외로 좋
은 사람일지도 모르잖니? 너는 그 선생님이 왜 싫은데?", "그냥 다 싫
어요.", "잘 모르면서 싫어하는 건 아니고?", "싫은데, 꼭 알아야 하나
요?" 훈계하려던 것이 잘못이다. 아이가 자신의 감정이 가장 중요하
다는데, 다른 것이 중요할 때가 있다고 하니 대화가 평행선을 달린다.

　　아이 기분을 맞춰 주고, 다음에 다시 이야기를 해야겠다 싶었지

만 뾰로통한 아이의 얼굴을 보고 있자니 기어이 한 마디가 더 나간다. "음, 싫은 건 어쩔 수 없지만, 네가 인사도 안 하고 예의 없이 굴면 주변에서 널 어떻게 바라보겠니. 나쁜 인상을 심어 주면 나중에 피해가 올 수 있으니 기본은 하고 지내야지.", "무슨 피해요? 제가 싫어하다가 피해가 오면 그거는 어쩔 수 없죠. 그런데 저 모든 사람한테 무례하게 굴지는 않아요. 친구들한테는 잘해요."

돌아보면 나 역시 싫은 사람하고 잘 지내지 못했다. 거기까지 생각이 미치자 나도 못하는 것을 아이에게 강요했다는 사실을 깨달았다. 저 반응이 자연스러운 것일 텐데 어떤 이상을 남에게 가르치려 하다니, 아이들이 말하는 소위 '꼰대 짓'을 하고 있었다. 열여덟 살은 남의 눈치보다는 자신이 더 중요하다고 여길 때이다. 나이가 들어 가면서 자연스럽게 둥글게 깎여 나가는 것이다. 그렇다면 아이와 갈등을 빚기 보다는 들어주는 편이 좋았을 것이다. 그런데 아이를 있는 그대로 받아들이지 못하고, 내 기준에서 잘못됐다는 생각이 들자 염려라는 명분으로 훈계하려고 했던 것이다. 어쩌면 내가 아이에게 바라는 모습은 나도 실현하지 못하는 어떤 '이상적인' 삶의 형태일 수도 있다. 어른이라는 이유로 아이에게 현실적이지 못한 뻔한 소리를 해 댄 것이다. 아이에게 남을 존중해야 한다고 이야기하면서, 정작 아이의 감정과 상태는 존중하지 않았던 것이다.

염려와 사랑 중 무엇이 올바를까?

해마다 어른을 어려워하지 않는 아이들이 늘어난다. 아이들은 누군가에게는 싹싹하고 누군가에게는 무례하다. 담당 선생은 강아지처럼 졸졸 따라오다가, 호감도가 낮은 선생의 눈은 쳐다보지도 않는다. 옆 교실이 시끄러웠다는 이유로 교무실로 찾아와서 "저희 반 수업하는데 시끄러우니까 칠판 치지 마세요."라거나 "마이크 소리가 울려서 집중이 안 되니까 안 쓰시면 좋겠어요."라고 다른 선생들에게 불쾌감을 팍팍 드러낸다.

혼자 사는 세상도 아닌데, 자신의 불편을 조금도 참지 못하는 모습에 충고를 해야 하는지 고민이 된다. 내가 요구하는 가치관이 아이의 세대에는 맞지 않는 옷일지도 몰라서 선뜻 개입하기가 어렵다. 다른 선생들은 아이들이 자신의 목소리를 내기 시작한다는 것이 좋은 징조라고 한다. 어린아이가 아니라 하나의 완전한 어른으로 대해 달라고 말하는 것 같아서 기특하기도 하다면서 말이다.

하지만 선생을 무시하다가 혼이 났는데도 '혼났다'가 아니라 '간섭한다'고 받아들이는 모습을 보면, 아이를 어떻게 대해야 할지 방향이 서지 않는다. 아이가 사회에서 '좋은 사람'으로 평가받는 형태로 성장하기를 바라는 마음과, 아이가 자기답게 살아가게 지켜보고 지지해 주고 싶은 마음이 충돌한다. 우리가 아이들을 보면 우선 한 소리하고 싶어지는 것은 다 직업병 때문이라는 동료 선생의 우스개로 상황은 단락되었지만, 부모이든 선생이든 어른의 마음은 다 똑같다. 모두가 아이가 잘 되기를 바라는 것이다. 그 마음은 누구에게나 사랑받는 아이가 되도록 하나라도 더 가르치고 고쳐 주고 싶은 마음을 싹트게 한다. 하지만 아이에 대한 사랑으로 어떤 모습이든 마냥 다 받아 주고 싶은 마음도 함께 자란다. 무엇이 옳은지 판단하기란 어렵다. 아이에게 엄격하게 가르쳐야 할 부분과 아이를 존중해야 할 영역은 여전히 헷갈린다. 아이와 질 높은 관계를 맺기 위해 필요한 것들을 어른인 나조차도 제대로 배운 적이 없기 때문이다.

공부는 결국
홀로 고독한 길을
걷는 것이다

공부하지 않는 아이들을 학원에 무턱대고 보내는 것은 위험하다.
학원을 오가며 공부한 기분만 내고 실제로는 공부를
안 하고 있다는 사실조차 잊게 하기 때문이다.

시험 성적이 교실에서 자신의 가치를 증명할 수 있는 유일한 방법임을 깨달은 학생들은 대체로 우등생이 된다. 특별히 공부 머리가 좋지 않아도 공부 욕심이 있는 아이들은 끈기 있게 물고 늘어져 문제를 해결하기 마련이다. 사교육은 혼자 힘으로 어려운 순간에 끼어들어 적절한 도움을 준다. 부족한 단원을 보충하기 위해 학원에 다니는 것만으로도 학교에서 요구하는 것들을 수월하게 해낼 수 있다. 한번 학원에서 효과를 본 학생들은 지속적으로 사교육과 얽힌다.

아이들에게 투자하는 금액과 성적이 정비례하는 것은 아니니, 사교육비의 투자 대비 효율은 따지기 어렵다. 하지만 결과만 두고 봤을 때, 사교육은 꽤 효과적인 수단으로 보인다. 학원에서 3년 내내 국어, 영어, 수학, 과학 네 과목 수업을 쉬지 않고 들었던 몇몇 친구들은 의대 동기가 되었고, 다른 친구도 원하던 대학에 들어가 꽃길을 걷고 있다. 어떻게든 계속 공부를 시키기 때문에 성실하게 따라간다면 진학 실적이 좋을 수밖에 없다.

하지만 학원에서 떠먹여 주는 공부에 익숙해지다 보면 우등생들조차 스스로 공부하는 법을 잊는 일이 생긴다. 혼자 해 보겠다고 학원을 그만뒀던 학생들은 어떤 문제집을 사서 무엇을 공부해야 할지 모르겠다며 불안감을 호소한다. EBS 강좌를 통해 방향을 제시받을 것을 권해 보지만, 학원에 가서 출석 확인을 받으며 다니는 것에 익숙한 아이들이 혼자 꾸준히 동영상 강의를 챙겨 듣기란 쉽지 않다. 혹자는 의지 부족이라 하겠지만, 컴퓨터를 켰을 때 집중이 흐트러지지 않기란 누구에게나 어렵다. 혼자 할 때는 수도 없이 흐트러지지만 학원 강의실에 앉아 여럿이 열심히 하는 상황에 놓일 때는 없던 의지도 생기게 마련이다. 그러다 보니 다시 학원으로 돌아오는 일도 생긴다.

학원을 습관처럼 다닐 때 문제가 좀 생긴다. 학원이 익숙해지면, 학원에 가서 공부를 했다는 위안만 받고 집으로 돌아오기 때문이다. 아이는 이미 과제를 귀찮아서 미루고 수업 중에는 친구와 스마트폰 메신저를 주고받는 데 여념이 없지만, 학교 공부와는 별도로 무엇인가를 했다는 것만으로도 안심을 한다. 돈이 아까워져 학원을 잠시 쉬어 본다. 그러나 스스로 노력을 해 보려니 앉아 있는 것만으로도 공부가 되는 것 같던 학원 수업이 그립다.

대학 입시는 어차피 혼자 하는 것이라 그 과정이 결코 쉽지 않다. 사교육을 통한 학습은 이해가 막힌 부분을 해결하는 데에 효과를 발휘할 수 있다. 하지만 그 외의 성실함, 과제를 해결하겠다는 의지와 인정받겠다는 욕구 등 공부에 필요한 모든 동력은 아이에게 있다. 수험 과정을 인내하며 착실히 수행한 아이에게 좋은 결과가 예정되어 있다. 결국은 아이의 태도다. 얼마나 가르쳤느냐 보다 어떤 태도를 갖게 했느냐가 더 중요하다. 삶의 한 단계를 넘어서기 위해 고군분투하는 어른처럼 아이도 입시 관문을 통과하기 위한 자신만의 동력이 필요하다.

동력을 만들어 내는 방법은 다양하다. 어떤 부모는 "집 안의 TV와 모니터를 전부 뒤집어 났다."고 한다. 다른 곳으로 눈을 돌리지 않게 하기 위해서다. 입시 때문에 일산에서 목동으로 전학을 온 한 남학생은 "선생님, 저희 집 빚이 6억이 생겼대요. 원래 저희 집이 거지는 아니었거든요?"라고 황당함을 웃으며 표했다. 권장할 만한 일은 아니지만 그 아이의 부모는 교육을 위해 부모가 희생한 것을 알려 줬던 것이다. 이왕이면 덜 세속적이고 더 긍정적인 방식이 좋겠지만, 아이 스스로 동기 부여를 못할 때는 주변의 어떤 것이든 끌어오는 것이 방법일지도 모른다.

노력하지 않는 불안을 해소하려고 학원에 다니는 아이들

아이들 대다수는 고1 초반에 잔뜩 긴장해 공부를 하다가 고교 생활에 적응이 되면서 차츰 공부를 멀리한다. 한참을 놀다가 2학기부터 속을 차리거나 고3이 되어 발등에 불이 떨어지면 다시 공부를 시작한다. 고3이 되어서는 "고2 마지막 겨울방학에 논 것이 너무 후회스러워요."라며 "후배들에게는 꼭 고2 때 열심히 하라고 전해 주세요."라고 하지만, 그 말을 후배들에게 전해도 해마다 같은 일이 반복된다. 그러다 보니 고1 2학기부터 고2 2학기까지 공부를 하기 싫으니 그저 학원만 옮겨 다니는 경우도 잦다. 친구들 입소문을 따라 와르르 몰려 다니면서 학원 강의만 품평하러 다니는 학생들도 있고, "재가 같이 다니자고 해서 왔어요."라며 정말 친구랑 놀기 위해 학원에 오는 아이들도 있다. 1년 이상을 학원에 '몸만 오가면서' 수동적인 학습 태도를 내면화한 아이들이 고3이 되어 겪는 어려움은 상상 이상이다. 공부를 '안 하는' 습관이 배게 되는 것이다.

모두가 대학 입시를 위해 매진하는 현실이 안타깝다. 하지만 개중에는 매진하는 척만 하며 학원을 오가는 학생들도 있다. 이들은 노력하지 않는 불안을 해소하기 위해서 학원에 다닌다. 학원이 독이 되는 것이다. 이들은 숙제 한 번 해 오지 않으면서 쑥스러운 표정을 지으며 나타났다가 오르지 않는 성적을 탓하며 사라지고, 또 다른 여러 학원을 전전하고 있다는 소식을 들려주곤 한다. '열심히 해도 될 까 말 까 한데, 왜 기본적인 것도 안 하느냐?'고 아이들을 혼내 보지만, 한두 번의 꾸중으로 태도는 변하지 않는다. 이런 아이들에게 무턱대고 '학원이라도 보내면 공부를 하겠지'라고 여기는 것은 위험하다. 학원을 오가며 공부한 기분만 내고 실제로는 공부를 안 하고 있다는 것을 놓치기 때문이다.

현실을
회피하기 위해
전학 간다고?

> 부모가 보기에 아이의 고민은 함량 미달일 수도 있지만,
> 이 고민들은 아이의 생각이 자라기 위한
> 필수적인 과정이다.

"전학가고 싶다." 아이의 혼잣말에 부모는 가슴이 덜컥 내려앉는다. 전학이 어려운 일은 아니다. 아이가 원하면 이사를 가서라도 학교를 옮겨 줄 수 있다. 결원이 있는 학교 명단과 면학 분위기, 내신 성적 환산 방법 등 몇 가지만 알아보면 된다. 절차는 간단하다. 하지만 부모의 마음은 복잡해진다.

학교에 대해 어떤 불만도 품지 않는 학생은 없다. 비교적 많은 아이들이 "학교 급식이 맛이 없다."거나 "추운데 교복 위에 다른 옷을 못 입게 한다."고 투덜댄다. 학교에서 아이들에게 강제하는 것이 많을수록 다니는 학교에 대한 만족도가 감소한다. 입시 준비를 빡빡하게 시키거나 생활 규율을 엄격하게 지도하는 학교에 다니는 학생들은 저희끼리 모이면 학교나 선생 욕을 하느라 바쁘다. 하지만 아이들도 단체 생활이 전부 제 뜻대로 될 리가 없다는 것을 알기 때문에 불평을 터뜨리면서도 주어진 환경에 수긍한다.

학교를 잘 다니고 있는 줄 알았던 아이에게서 어느 날 전학 이야기가 나오면 부모는 당황스럽다. 학교를 싫어하는 것과, 학교를 떠나고자 하는 것은 완전히 다른 차원의 문제이기 때문이다. 평소에 대화가 적었다면 아이가 왜 이러는지 감도 잡을 수 없다. 대화를 해 봐도 뾰족한 수가 나오지 않는다.

학생들은 주로 교우 관계에 갈등이 생길 때 전학을 원한다. 이럴 때는 대화뿐 아니라 아이가 평소에 마음을 터놓은 대상을 알고 있다면 그를 통해 전모를 파악해야 한다. 담임 선생을 찾아가는 것은 물론 중학교 때 친했던 친구도 실마리가 될 수 있다. 아이를 같은 학교 학생이 많이 다니는 학원에 보내고 있다면 학원 선생에게 연락을 하는 것은 필수다. 학교 문제가 학원으로 고스란히 이어지기 때문이다. 전학이 훌륭한 대안이 될 지는 두고 볼 문제이지만, 아이가 보내는 중요한 신호를 놓쳐서는 안 된다.

성적이 전학을 원하는 사유가 될 수도 있다. 아이들은 "우리 학원에 어느 학교 다니는 애가 있는데 그 학교는 내신 따기가 쉽대요."라며 서두를 뗀다. 본인 학교 아이들이 공부를 잘하다 보니 아무리 열심히 해도 내신 점수가 나오지 않아서 좌절감이 누적된 끝에 하는 말이다. 그 경우 대체로 부모는 학교를 옮겨 좋은 석차를 받게 하고 싶지만 공부를 많이 시키지 않는 학교로 갔다가 내 아이의 학습 태도가 흐트러질까 봐 고민하게 된다.

여고에 다니는 것이 힘들어 전학을 원하는 경우도 있다. 여고에 적응하기 힘들어하는 학생들은 의외로 많다. "대학은 꼭 남녀 공학으로 가겠다."는 말이 스트레스의 신호이다. 이럴 때는 무엇이 힘드냐고 물어도 "그냥 학교 분위기가 싫다."고 밖에 설명을 못하기 때문에 부모는 부모대로 납득이 어렵고, 아이는 아이대로 자신에게 반대만 하는 부모가 밉다. 남자 고등학교에 다니는 아이들에 비해 여고 아이들은 관계에서 오는 스트레스를 꽤 자주 표현한다.

이 같은 문제를 토로했을 때, 호의적으로 동조하는 부모는 많지 않다. "그 정도 어려움도 못 이겨 내면서 어디서 무엇을 하겠느냐."며 호통을 치는 부모도 있고, "어딜 가나 똑같다."면서 적응을 할 것을 권하는 부모도 있다. 고교 생활 역시 삶의 과정이기 때문에 그 경험을 통해 '단단하게 성장하기를' 바라는 마음일 것이다. 아이가 '여고 생활'이라 말한 갈등은 타인을 자연스럽게 받아들이지 않으면 어떤 단체 생활에서든 일어날 수 있는 일이다.

하지만 지금 자신의 나이가 자기 인생에서 가장 오래 산 시간인 아이들의 입장에서는 늘 자기 판단이 옳다. 그러다 보니 "엄마 아빠는 내 말에 만날 반대만 한다."고 공격을 한다. 교우 문제의 경우 "어차피 1년만 버티면 반이 바뀐다."면서 상황을 개선하려는 노력조차 하지 않는다. '저러다가 내 아이가 마음이 비뚤어지면 어떻게 하나.'라는 걱정, '이대로 두면 무기력하게 학교에 몸만 오가는 상태가 된다고들 하는데 빨리 전학을 결정해야 하는 것은 아닐까.'라는 불안은 부모의 몫이 된다.

"중학교 때까지는 몰랐는데, 고등학교에 오니까 공부 잘하는 애들한테 특혜가 너무 많이 주어져 짜증이 난다."며 전학을 원하는 아이들도 있다. 어떤 학교는 시험 등수대로 교실 안의 자리를 배치하는데, 그것에 면역되지 않는 아이에게는 괴로운 경험이 된다. 교내 독서실을 사용할 수 있는 인원을 전교 등수를 기준으로 배정하는 것도, 교내 대회에 참가를 독려받는 학생들이 언제나 내신 성적이 좋은 아이라는 것도 전학을 고려하게 하는 요소다. 자신이 공부를 못하니까 이 같은 대접을 받는 게 당연하다고 수긍하는 아이들도 있지만, "학교가 양아치다."라며 분노하는 학생들도 있다. 이들 중 열심히 해서 그 안으로 들어가고자 하는 친구도 있지만, 그 자체가 '자존심이 상해서' 학교를 때려 치고 싶어 하는 아이도 있다.

아이가 흔들리지 않기 위해서는 부모의 방향 설정이 필수적이다

고교 생활 중에 일어나는 문제는 수없이 많다. 부모는 "어차피 지금은 뭐가 어떻든 대학까지 가는 과정일 뿐이니까 그냥 딴 생각 안 하고 견뎌 줬으면 좋겠는데 왜 저렇게 괴로워하는지."라며 속상해한다. "다 제 뜻대로 되어야만 직성이 풀리는 애."라고 아이를 향해 혀를 차기도 한다. 부모가 선뜻 전학에 동의하지 않는 이유다. 하지만 부모 역시 내 자식이 '철이 덜 들었다.'고 염려하기 전에 아이가 품은 문제의식에 동의할 수 있는지, 그것이 아이에게 유익한 경험이 될 것인지도 한번쯤 고려할 필요가 있다.

어른의 이직에 대한 고민보다야 덜하겠지만 아이에게도 전학은 쉽게 생각할 수 있는 문제가 아니다. 학교에서 이미 생활한 시간이 있기 때문에, 낯선 곳에 가서 고생할 것이라는 불안이 있다. 아이 역시 주어진 판에 적응해 보려는 노력을 더 해 보기도 한다. 자기 하나 때문에 가족이 다 같이 이사를 가야 한다는 것에 큰 부담을 느끼다 보니, 전학이라는 주제는 부모의 반대를 전제로 한 수많은 시뮬레이션을 돌리며 고민하다가 꺼내는 말인 경우가 많다. 그렇게 꺼낸 고민을 단지 '사춘기가 와서 저렇다.'거나 '공부하기 싫으니까 트집 잡는다.'고 가볍게 취급할 일만은 아니다. 부모가 보기에 아이들의 고민은 함량 미달일 수도 있다. 하지만 이 고민들은 아이의 생각이 자라기 위한 필수적인 과정이다. 입시 교육에 치여 간과하기 쉬운 고민이지만 여전히 부모의 지도가 더 필요한 것이다.

되돌아가고 싶지 않은 '사교육 1번지' 목동

서울 목동은 사교육 1번지로 꼽힌다.
학군 따라 이사 온 학생들은 학창 시절 대부분을
이곳에서 보내지만 지역에 대한 애정이 없다.

　"합격하고 목동 쪽으로는 머리도 안 두고 자요." 대학 새내기가 된 아이들이 농담을 던졌다. 서울 대치동과 함께 '사교육 1번지'로 꼽히는 목동 입시 학원에서 만났던 아이들이다. 고등학교 내내 목동에서 살았던 친구이건만, 지역에 대한 애정은 눈곱만큼도 없다. "원래는 부천에 살았는데, 12살 때 이사 왔어요.", "저는 서대문구에 살다가 중2 때 전학 왔는데, 적응하느라 힘들었어요.", "아시죠? 저는 12살 때 제주도에서……." 토박이는 없느냐는 내 질문에 "잘은 모르지만 거의 없을 걸요? 제가 초등학교 때 반 정도가 12~13살 때 전학 왔어요."라는 답이 돌아왔다. 실제로 목동에 들어오는 학부모 대부분은 좋은 학군의 중학교를 배정받기 위해 아이가 12~13살 때 이사를 온다. 초등학교 6학년 교실 중 7~8명이 전학생이라고 한다. 아무리 늦게 전학을 와도 고등학교를 신청하는 중3 가을 전에 정착한다. 중3 무렵에는 특목고 진학에 실패할 경우를 대비

해 목동 안에 있는 원하는 학교에 배정받기 위해 단지를 옮겨 이사하는 일도 있다.

"대학교 오니까 홍대, 상수, 연남 여기가 짱이야. 놀 데가 너무 많아." 아이들은 목동을 벗어난 것과 새로 시작한 대학 생활에 대한 기쁨을 한참 동안 표한다. "목동 하면, 현대월드타워 밖에 생각이 안나.", "나는 센트럴프라자. 어릴 때는 그 건물 냄새만 맡아도 토할 것 같았어."

아이들이 언급한 두 건물은 목동의 대표적인 학원 건물이다. 한 건물에 수십 개의 학원이 입주해 있고, 그런 건물이 몇 채씩 연달아 있는 것이 목동의 학원가이다. 아이들 말대로 여기서 아침부터 저녁까지, 길게는 8년, 짧게는 3년 정도 시간을 보낸다. 학기가 시작하기 전에 건물 엘리베이터 앞에 엄마 손을 잡고 서서 "엄마 없어도 혼자 잘할 수 있지?", "혼자 엘리베이터 타고 올라가야 하니까 잘 기억해야해." 같은 당부를 듣는 초등학생들이 심심치 않게 보인다. 십 대를 오롯이 공부에 바치다 보니 7층 학원에 다니는 한 고등학생이 중학교 시절에 받았던 성적표가 6층 학원에 붙어 있고, 그 아이의 초등학교 시절 글짓기 솜씨를 5층 학원의 홍보 글에서 보는 일도 생긴다.

12~13살에 학원가에 들어오면 아이들은 특목고 진학을 준비한다. 실제로 2015년도 서울시 25개 구별 특목고 진학 실적에서 양천구는 190명(8.7%)으로 서울 시내 2위(1위 강남구 235명)를 기록했다. 서부권에서는 독보적인 수치다. 목동 내 특목고 대비 학원들의 확장 속도는 눈에 보일 정도다. 특목고를 준비하지 않는 아이들은 보통

대입을 위한 수학 선행 학습에 나선다. 중·고등 선행 학습의 효과 유무에 대해서는 말이 많지만, 아이가 따라가는 데 크게 무리가 되지 않는다면 시키는 분위기다. 선행을 하지 않는 학원을 찾기 어렵다는 것도 이런 선택에 한몫 보탠다. 보통 초등학교 5학년 1학기 초에 6학년 1학기 과정을 배우는 식이다. 이렇게 차근차근 선행을 나가다가 중학생이 되면 고교 과정을 나가기 시작한다.

앞서 언급한 제주도에서 온 여학생은 중2 때부터 고교 수학 선행을 시작해 4바퀴를 돌고 고등학교에 입학했다고 했다. "이렇게 안 했으면 대학에 못 왔을 거예요."라고 효과가 있었다고 말한다. 하지만 초등학교 6학년 때부터 목동에 들어왔던 한 남학생은 정반대로 반응한다. "어릴 때부터 너무 선행, 선행을 해서 스트레스를 많이 받았어요. 왜 하는지도 모르겠고 결과적으로 별 도움도 안 됐어요." 최근에는 선행 학습 금지법이 생겼지만 광고 문구에 대한 규제이기 때문에 실효성은 낮다. 학원들은 보통 선행이라는 표현을 쓰지 않고 '심화반' 혹은 '특목 대비반' 등의 표현을 쓴다. 하지만 수업 내용에 고등 수학 과정의 구체적인 단원 명이 적혀 있다. 영어의 경우도 그 내용이 텝스, 토플, 수능을 섞어 가르친다고 떡하니 공지를 한다.

높은 전세 값 덕분에 우리 아이 인생이 달라진다고?

목동으로 들어오고자 하는 사람들은 보통 전세를 알아본다. 전세 가격은 4~5억. 전세로 들어와 비싼 집값을 감당하고, 8년이 넘는 시간 동안 아이들의 학원 비에 온 신경을 쏟는 것이 목동 안에서의 삶이다.

한 학부모는 "어떻게 생각하면 목동의 높은 전세 값 때문에 우리 아이 인생이 달라진 거죠."라며 자부심을 드러낸다. 다른 학부모는 "고등학교에 가면 초·중학교를 목동에서 보낸 보람이 있을 것."이라고 기대한다. 그런데 또 다른 학부모는 말한다. "대학을 보내 보니까 알겠더라고요. 학원 정보라는 게 다 거기서 거기고, 너무 많이 알 필요는 없다는 것을요. 다시 아이를 키운다면 과도한 선행은 절대로 시키지 않을 거예요."

청소년 유해 환경이 없고 학원이 많은 목동은 학생들을 끌어모은다. 학생들은 수능이 끝나면 썰물처럼 그곳을 빠져나간다. 그들에게 목동은 되돌아가고 싶지 않은 곳이다.

이상한
학원의
노동자

학원 강사는 의무만 많고 권리는 없는 노동자다.
부모가 돌아가신 날도 수업을 해야 했던
한 강사는 그래야 성공한다는 원장의 위로를 받았다.

같은 교무실을 쓰던 한 강사가 해고됐다. 목요일 저녁이었다. 일요일까지만 나오게 됐다고 그녀는 쓴웃음을 지었다. 갑작스러운 소식이었다. 팀장은 해고 통보를 3일 전에 한 것만 해도 예의를 지킨 것이 아니겠느냐고 위로했다. 그녀가 그만둔 후 해고 사유를 들었다. 중간고사 후 학생들이 학원을 많이 그만뒀는데, 그 과정에서 그녀의 수업에 대한 불만이 많았다는 것이다.

실적이 좋지 않으면 잘리는 것은 당연하다. 어디 있든 동료들은 마구 잘려 나간다. 내가 있는 학원이든, 지인의 학원이든, 학원가에서 해고는 쉬운 일이다. 어떤 학원에서는 채용한 강사를 3주 만에 잘랐다. 한 학생이 "그 강사가 수업을 못해서 한 시간 앉아 있는 것도 아까웠다."고 말했기 때문이다. 동정심은 들지 않았다. 강사가 강의를 못하면 강사를 할 이유가 없기 때문이다. 경쟁이 치열하기 때문에 신입 강사조차 수업 전에 수업 리허설을 몇 번이고 하면서 짧은 경력을 티 내지 않으려 애쓴다. 수업은 실수하면 안 되는 실전이다. 그렇기에 부정적인 강의 평가에 대해 그 사람을 변호해 주는 사람은 없었다. 그날 갑자기 장염에 걸려 화장실을 숱하게 들락날락했을 수도, 아니면 단지 그 학생과 호흡이 맞지 않았을 수도 있다. 하지만 그런 것들은 고려할 사항이 못 된다. 학생의 피드백은 수업 시간을 다 기다려 주지 않는다. 그것은 그들의 권리이다.

해고 후 당장의 생계가 불안정해질 것이 염려되지만 특별히 할 수 있는 것이 없다. 학원 강사 중 4대 보험에 가입된 사람은 극히 드물다. 실업 급여를 받을 방도가 없다. 4대 보험을 요구하는 이에게 "법을 많이 알아서 불편하다."며 해고를 하는 경우도 있다. 관행에 의문을 제기하면 피곤해지는 것은 본인이다. 대부분 월급에서 사업 소득세를 공제한다. 근로계약서를 작성한 사람도 거의 없다. 작성한다 하더라도 '강의 위탁 계약'이라는 실제와는 다른 계약서를 작성한다. 학원은 항상 강사에게 '사업자끼리' 계약을 한 것이라고 말한다. 따라서 퇴직금을 요구하지 않는다는 조항이 계약서에 명시되어 있고 실제로도 지급하지 않는다.

물론 퇴직금을 주는 학원도 있다. 그것은 1년 월급에서 1/13을 떼어서 적립했다가 연말에 돌려주는 방식이다. 강사의 한 달치 월급을 적립했다가 퇴직금이라는 명목으로 돌려주는 것이다. 월급 적립이 불법인 것을 언급해 봐야 그들은 "네 돈이라 다 돌려줄 것이다. 강사가 중간에 그만두는 것을 방지하기 위해서이다."라고 말하곤 한다. 그러면서도 동시에 이것이 후일 근로자성을 인정받는 계기가 될

까 봐 두려워 '계약 유지금'이라는 용어로 지급해 노동청의 감시를 피하곤 한다.

학원 강사들은 아르바이트를 하는 것이 아니다. 또한 자신이 학원과 직접 계약을 하고 강의 시간을 협의해 일하는 프리랜서도 아니다. 물론 계약서에는 그렇게 쓰도록 강요받지만, 그들은 주 5일 혹은 주 6일 내내 학원에서 정해 준 시간에 출근하고 퇴근하는 '전임' 강사이다. 정해진 월급을 받는 회사원이다. 학생 증원에 따라 인센티브를 주는 학원도 있지만 그 제도 역시 영업 실적에 따라 인센티브를 받는 평범한 회사원들과 다를 바가 없다. 하지만 학원은 강사들을 근로자로 인정하지 않는다. 혹시라도 법정 다툼에 가서 근로자로 인정받게 될까 봐 출퇴근 시간을 지정하지 않는다는 계약서를 작성하는 학원도 있다. 하지만 계약서와 달리 정해진 회의 시간이 있고, 출근 시간을 구두로 강요하고 감시하며, 시간표를 학원에서 지정해 주는 등 실제로는 학원이라는 회사의 회사원으로 일하고 있다.

어찌 보면 회사원보다 상황이 열악하다. 시간표 사이에 휴게 시간이 보장되지 않아 주말에 9시간 혹은 12시간 쉬지 않고 수업을 하는 것이 당연하다. 9시간 연속으로 수업을 하다 보면 마지막 수업을 할 때쯤엔 탈진한 상태에서 겨우 수업을 마치기 일쑤다. 목소리가 완전히 쉬어서 마이크를 대고 말해도 쇳소리 외엔 나오지 않는 경우도 흔하다. 아이들을 위한 '서비스' 수업 혹은 '학생 관리는 선생 몫'이라는 이유로 보충 수업이나 초과 근무도 당연한 것처럼 여긴다. 이런 분위기는 시험 기간에 주 1일 혹은 주 2일 휴일도 반납하고 나오는 것을 강요한다. 나오지 않으면 해고된다는 말을 꺼내는 것을 원장들은 두려워하지 않는다. '보충이 필요한 학생을 맡은 너의 불운'일 뿐이라고 합리화하고, 모두 '아이들을 위해서'라는 명분을 내세우며 휴일을 반납하게 한다.

그럼에도 불만을 제기하는 강사는 거의 없다. 아이들을 가르치다 보면 어쩔 수 없이 초과 근무를 하게 되기 때문이다. 못하는 아이가 눈에 밟히고, 하나라도 더 봐 주면 될 것 같은 아이들과 관심을 가져 달라고 갈구하는 아이들이 너무나 많다. 그 모든 근무는 자신의 자발적 근무이다. 보상받지 못하는 강사들의 열정은 본인 몸에서는 건강을 앗아가고, 학원에게는 이득을 안겨 준다. 하지만 이에 대해 학원은 초과 수당은커녕 하루 연차도 내어 주지 않는다. 수업을 해야 하기 때문에 강사는 강의실에서 쓰러지지 않는 한 아파도 쉴 수가 없다. 부모님이 돌아가신 날도 수업을 해야 했던 한 강사는 그렇게 해야 성공한다는 원장의 위로를 받았다.

'특수성'은 불합리한 모든 상황에 달라붙는다. 근무 시간 외에 오랜 시간을 투자해 교재를 제작해도 학원 재산으로 귀속될 뿐, 교재 판매 수익은 받지 못한다. 전임으로 일하던 강사를 시간제 근무로 돌리겠다며, 수업 시간에만 학원에 출근하도록 업무를 전환하는 사례도 있다. 그 경우, 학생 관리라는 명목으로 모든 근무는 그대로 유지되지만, 급여만 시급으로 계산해 대폭 줄인다. 숱한 관행 속에서 강사들이 발끈하는 일은 거의 없다. 임금을 체불당하는 일도 일어난다. 물론 정상적으로 운영되는 학원에서 전임 강사로 일하는 사람들에게는 거의 일어나지 않는 일이다. 주로 시간제 근무로 일하는 이들 혹은 학원 운영이 어려워졌을 때 발생하는 문제이다. 하지만 그저 임금을 주기 싫어 '위기'를 핑계로 대는 경우도 있다. 체불 임금을 노동청에 가서 받으면 전액을 받기도 어렵다. 웬일인지 신고된 재산이 적은 원장이 많고, 그들은 협의를 요청해 더 적은 돈을 주곤 한다. 그러다 보니 어떤 근로 조건도 지키지 않으면서도, 단지 임금을 밀리지 않고 지급한다는 이유만으로 좋은 학원이라고 스스로 자부하는 학원들도 있다.

학생은 나를 버티게 하는 힘

강사들은 '학생 때문에' 이 일을 한다고 말하고, '학생이 나를 버티게 하는 힘'이라고 말하며 지친 몸을 일으킨다. 하지만 마음만으로 모든 일을 버틸 수는 없기에 강사들은 고백한다. "내가 부모라면 오늘 내 마지막 수업은 신청하지 않게 할 거야. 9시간을 못 쉬고 수업했더니 수업할 힘이 없어서 내가 무슨 말을 하고 있는지도 모르고 수업했어.", "나 오늘 장염이라서 수업을 제대로 못 할 것 같은데 아이들에게 다른 날에 보충 수업을 잡아 주는 것이 낫지 않을까? 그런데 한 명이라도 보충을 못 잡으면 수강료가 밀려서 학원이 곤란하겠지?", "애들한테 나갈 교재니까 열심히 만들면서도, 학원에 귀속되면 나는 쓰지도 못할 텐데 그냥 대충 만들까 싶어. 그럼 애들한테 피해가 가서 안 되겠지?", "결혼식 전날까지 수업하는데, 이게 수업이 되겠어? 아이들한테만 미안하지."이렇게 말하면서도 강사들은 단 한순간도 쉬지 않고 열심히 일한다. 오늘은 잘 할 수 없을 것 같다면서도 많은 직장인이 그렇듯 그날 하루를 또 잘 견뎌 낸다. 하지만 아이들 앞에 서서 말을 하면서 그들에게 언제나 좋은 영향을 주었는지에 대해서는 스스로 물음표가 붙는다. 의무만 많고, 권리는 없는 강사라는 지위는 강사를 무의식중에 지치게 하기 때문이다.

목동에
존재하는
'성골'과 '진골'

서울 목동은 입시 철에 따라 아파트 전셋값이 변한다.
그 안에서도 앞 단지에 사는지 뒤 단지에 사는지 여부를 두고
서로 왈가왈부한다.

'휴거휴먼시아 거지'라는 신조어가 있다. 초등학
생들이 임대 아파트에 사는 아이들을 조롱하며 쓰는 말이다. 분양 아
파트에 사는 이들과 임대로 들어온 이들이 같은 단지 내에서 구획을
갈라 생활하는 일은 이미 우리에게도 익숙한 갈등의 한 단면이다. 그
러한 차별이 저소득층과 중산층의 갈등으로만 드러나는 것도 아니다.
내가 오랫동안 아이들을 가르친 서울 목동의 중산층 이상 거주지에도
비슷한 갈등이 있다.

목동 아파트에 거주하는 이들은 경제적으로 꽤 부유하다. 그도 그
럴 것이, 자식 한 명의 학원비로만 월 150만~200만 원이 드는데 상당
한 소득이 있지 않으면 감당할 수 없기 때문이다. 입시 철에 따라 아파
트 전셋값도 같이 변화하는 시장이라, 이곳에서 아이를 교육하고 집값
을 감당하며 살아가려면 웬만큼 벌이가 충족되어도 녹록하지 않을 것
이다. 남들 눈에는 객관적으로 큰 부를 가지고 살아가는 이들이다.

하지만 몇몇 부모는 이런 말을 한다. "그 친구, 앞 단지 살아요? 뒤 단지 살아요?" 주민들은 앞 단지는 행정 구역상 목동, 뒤 단지는 신정동에 속하기 때문에 편의상 단지를 이렇게 분류한다. '같은 돈이면 뒤 단지에서 더 큰 평수'에 살 수 있다고들 하지만 양쪽 다 평당 금액은 상당하다. 사교육 시장에서 대개 앞 단지는 소수 정예 수업과 많은 학원, 뒤 단지는 대규모 강의 위주의 학원으로 대표되기 때문에 서로 갖지 못한 것을 부러워하기도 한다. 여기까지 보면 두 지역은 그냥 다를 뿐이다.

하지만 궁금증을 가장한 질문에는 종종 차별이 내재되어 있다. 특히 고등학교에 갓 입학했을 때, 불안이 극에 달한 부모들에게는 '다름'을 넘어서는 반응이 나타난다. 어떤 부모는 종종 "우리 애는 뒤 단지 애라 앞 단지 애들한테 치이지 않을까." 걱정을 한다. 다른 부모는 반복적으로 자신의 거주지가 '앞 단지'라는 것을 강조하며 상대적으로 '집값도 비싸고, 학군도 더 좋은' 것을 자부심으로 드러낸다. 앞 단지를 목동의 '성골', 뒤 단지를 '진골'로 묘사하는 사람부터 14단지 바깥 지역에 사는 이들이 아파트에 '신목동'이라는 용어를 붙였다고 발끈하는 사람들도 종종 보인다.

이미 목동이라는 공간 안에서 살아가는 것 자체로도 그들만의 리그에 사는 것일 텐데, 아이들은 근거리로 배정된 고등학교 덕분에 더더욱 비슷한 친구들하고만 교류하게 된다. 자신과 다른 경제적 형편에 있는 사람들을 본 적이 없고, 그들을 만나더라도 '목동 외부 사람'과 어우러질 필요를 느끼지 못한다. 가치관이 제법 형성된 고2, 고3 아이들도 학원에서 타 학교 학생들을 만나면 "아아, 그쪽 애들은 목동이 아니잖아요."라며 눈살을 찌푸리는 일이 흔히 발생한다. 마을 단위의 공동체는 전설 속에나 나오는 이야기가 되어 버렸고, 아이들에게 '우리'라는 단어는 더 이상 불특정 다수의 어우러짐을 뜻하지 않는다. 거주지는 격차를 드러내고, 여기에는 '우리'가 아닌 '나'와 '너'만 존재한다.

타인에 대한 혐오로 '부'를 증명하지 마세요

나보다 더 가진 사람과 가까워지고자 하는 욕망은 자연스럽다. 자신이 쌓아 올린 부를 통해 자신을 증명하고, 삶의 만족을 얻는 일도 윤리적으로 문제 될 것이 없다. 노력해서 얻은 결과물이니 세상에 그것을 뽐내고 싶고 인정받고 싶어 하는 마음이 들 법도 하다. 문제는 그것이 타인에 대한 혐오, 나와 다른 집단에 대한 무시로 나타날 때 발생한다. 다른 집단과의 차이를 통해서만 스스로를 증명할 수 있는 이들은 실제 존재하는 것보다 차이를 더 극명하게 하고, 그 속에서 만족을 느낀다. 그들이 만들어 낸 격차 앞에서 좌절하는 것은 늘 덜 가진 사람이 된다. 부모의 결핍은 자녀에게 고스란히 차별의 기억으로 남는다. 남을 통해 자신의 가치를 입증받는 어른들의 행동은 공허하고, 그들로 인해 영문도 모른 채 상처를 받는 아이들은 안쓰럽다.

집단 내에서 편익을 충분히 누리면서, 집단 간 관계에서는 격차를 숨기고 배려하는 것이 어려운 일일까? 덜 가진 이들에게 베풀라는 윤리를 주장하는 것이 아니다. 어차피 출발선이 달라 결과도 다를 확률이 높은데, 굳이 자신보다 부족한 이 앞에 와서 더 가졌다는 인정 투쟁을 벌이는 조급증은 또 무엇이란 말인가.

교실에서는
모두 친해야
한다고?

40

무엇을 해도 고깝게 보는 시선 속에
사람을 갖다 놓으면
그 누구도 정상적으로 보이긴 힘들다.

고등학생에게 친구는 생활 대부분을 차지하는 중요한 문제다. 그런 친구와 문제가 생겼을 때 스스로 해결하지 못하고 어른들에게 고민을 토로하기에는 자존심이 상한다. 그러다 보니 갈등이 커지기 전까지 혼자서 그것을 끌어안고 있을 때가 많다.

교우 관계 문제가 불거지면, 그것을 어른이 왜 미리 알아차리지 못했는지에 대한 질책이 따라온다. 여기에서 부모나 교사의 무관심을 탓하는 경우가 많다. 하지만 집에 와서 잠만 자는 것이 대부분인 고교 생활에서 부모가 교우 관계를 자세히 알기란 어렵다. 부모가 도시락을 싸 들고 다니며 입시 뒷바라지를 해도 친구 문제만큼은 입을 열지 않는 아이들이 태반이다. 교사의 경우라고 수월할까. 학교 선생과 깊은 유대를 형성하고 있고, 사려 깊은 방식으로 배려 받는 아이들도 있지만, 아이들 사이에서 '고자질쟁이'라는 꼬리표가 붙을 위험 때문에 학교 선생에게 마음을 터놓지 않는 아이들도 많다. 간혹 따돌림을 당한다는 것을 선생에게 이야기했다가 교사가 따돌림의 주체와 대상을 교무실로 나란히 불러서 "앞으로 친하게 지내."라면서 형식적인 화해를 강요하는 경우가 발생하기도 한다. 그렇게 사과를 하고 교실로 돌아오면 아이들은 "쟤를 그냥 싫어하는 것뿐인데 왜 내가 싫어하는 것까지 선생님한테 불려 가서 혼나야 하는데?"라며 반발한다. 또한 "자기만 선량한 피해자이고 남들을 가해자로 만들었다."는 비난을 받으며 반 아이들 전체를 적으로 돌리게 되는 경우도 생긴다. 그런 일이 가까운 곳에서 일어나는 것을 보고 들은 아이들은 문제를 어른에게 이야기하려 하지 않는다. 어른의 호의와 개입이 아이들에게는 전혀 다른 방향으로 번지는 것이다.

학원이라고 이 문제에서 자유로울 리 없다. 같은 반 학교 아이들이 많이 다니는 학원이면 학교에서의 문제는 그대로 이어진다. 수업 중에 그 친구의 이름이 불리면 아이들은 대놓고 비웃거나 묘한 정적과 긴장감을 형성한다. 순식간에 뒤바뀌는 교실 분위기를 보면 강사도 무슨 일이 있음을 직감하게 된다. 개입을 해 봐도 아이들은 오히려 "개 성격에 문제가 있어서 싫은 건데 어쩌라고요." 같은 말만 할 뿐이다. 결과는 앞선 사례들과 다르지 않다. 강사와 학생들 사이에 유대 관계가 없는 상황이라면 학교보다 상황은 더 나빠진다.

교우 문제에 어른의 개입이 쉽지 않다면 환경을 바꾸는 것이 대안이 될 수도 있다. 따돌림을 당하는 아이들 중 몇몇은 1년만 버티면 된다고 생각하며 다음 학년을 기다린다. 일단은 저희들끼리 그룹을 형성해 생활을 버텨 나가기도 하는데, 친구가 생겼으니 따돌림이 끝난 것 아닌가 싶지만, 여럿에게 배척당한 고통이 큰 탓인지 따돌림을 당하고 있다는 인식을 버리지 못한다. 물론 아이들이 다음 학년에 새로운 반이 되었을 때, 개선된 상황이 보장되는 것도 아니다. 소문이 심각하게 퍼졌다면 여전히 고통받기 때문이다. 물론 합이 맞는 친구를 만나 편히 지낼 수도 있다. 더 이상 당하지만은 않겠다던 아이도 있었는데, 그 아이는 "제가 맞으면 엄마가 와서 다 뒤집어 줄 것."이라며 부모의 신뢰를 등에 업고 싸움을 해서 주변의 수군거림을 잠재우기도 했다. 물론 자주 있는 일은 아니다.

그렇다고 전학이 따돌림의 훌륭한 대안이 될 지도 두고 볼 문제다. 전학을 왔는데도 SNS를 통해 소문이 꼬리표처럼 따라와 고통을 호소하던 아이도 있고, 새 환경에 안착하는 데에 성공해 "전학 가길 잘했다."며 더 이상 자신을 걱정하지 않아도 된다고 알리는 친구도 있다. 따돌림을 당했던 한 여고생은 3개월 이상 정신과 치료를 마치고 전학을 갔던 날, "교문 앞에 왔는데 교복 입은 아이들만 봐도 무서워서 들어가질 못하겠는 거예요."라며 파르르 떨었다. "아버지께서 이 문제를 견뎌 내지 못하면 어딜 가도 똑같을 거라고 하시고, 저도 동의하기 때문에 이번에는 잘 견뎌 보려고요."라며 의지를 보였다. 반대로 부모님에게 전학을 보내 달라고 말은 했지만, 형제들의 학교 때문에 갈 수 없었던 한 친구는 "죽고 싶다."는 말을 반복하다 삶의 고비에서 겨우 살아 돌아왔다.

더 이상 모두가 친할 수 없는 교실

환경도 어른도 답을 내 줄 수 없다면 결국은 아이들 스스로 문제를 해결해야 한다. 그런데 그마저도 쉽지 않다. 몇몇은 관계를 회복하고자 아이들의 흥미를 끌려고 노력했는데, 대체로 실패로 끝났다. 만화책을 잔뜩 싸 들고 간 어떤 친구는 '관심종자'라는 새로운 비난을 얻었고, 야동을 공급해 보려던 어떤 친구는 '비상식적인 아이'라는 이미지만 추가됐다. 아이들은 그 애들이 "관심을 받으려고 더 이상한 짓만 한다."고 싫어했지만, 자기 그룹 안에 속한 누군가가 같은 일을 했다면 환영했을 것이다. 뭘 해도 고깝게 보는 시선 속에 사람을 갖다 놓으면 누구도 정상적으로 보이긴 힘들다.

교실에는 더 이상 다 함께 사이좋게 지내자는 말이 통용되지 않는다. 아이들은 굳이 모두 친해야 하느냐고 묻는다. 잘 달래 보려고 아이를 불러다 놓으면 "쟤가 싫은데 왜 내가 참아야 하느냐?"고 아이가 묻는다. "네가 싫어해서 저 친구가 상처받고 속상해 하잖아."라고 설명을 해 봐야 "그럼 쟤도 나를 싫어하면 되잖아요? 난 쟤가 나를 싫어해도 상관없어요."라는 대답이 돌아온다. 모든 사람이 다 너와 같은 방식으로 생각하고 느끼지는 않는다는 것, 너에게 괜찮은 일이 남에게는 괜찮지 않을 수 있다는 것, 너의 혐오감보다 남의 상처를 먼저 배려하라는 것 등 하고 싶은 말이 너무나 많다. 하지만 아이들의 이런 반응을 마주할 때마다 나는 말문이 막힌다. "내가 왜 그래야 하는데요?"라는 말 앞에 서면 어떤 말도 전달되지 않을 것 같은 기분이 들기 때문이다.

성적만 오르면
아이들 인권 따위는
필요 없다고?

하위권 아이들은 아무도 신경 안 쓴다며
거리낌 없이 성적표를 출입문에 게재한다.

학생의 성적이 올랐다. "선생님 아니었으면 이 점수 못 받았을 거예요."라고 자신의 성취를 나누는 아이들 덕분에 우쭐해진다. 시험 점수가 놀랄 만큼 오르는 아이들을 보면 괜히 내가 잘 가르친 덕인 것 같다. 하지만 수업을 열심히 들어도 언제나 성적이 제자리이거나 하락하는 아이들이 있다. "선생님이 하라는 대로 했는데 점수가 안 나와서 선생님 얼굴 보기 싫어요."라고 속상해하는 아이들을 보면 끝도 없이 미안해진다. 전부 내 잘못인 것 같아 아이 얼굴을 보기가 어렵다.

교무실에서는 "어차피 우리가 해 주는 것만으로는 한계가 있다."고 태연한 척해 본다. 하지만 아이들에게 시험지를 받으면 "가르친 것만 잘 외워도 이 문제는 맞았을 텐데!" 같은 탄식이 어김없이 나온다. 그 말은 암기를 하지 않은 학생에게 섭섭함을 토로하는 것이기도 하지만, 아이를 앉혀 놓고 전부 외울 때까지 공부를 시키지 않은 나 자신에 대한 자책이기도 하다. 에빙하우스는 망각 곡선을 주장하면서 인간은 학습한 것을 하루만 지나도 70% 잊는다고 했다. 그 말은 학생 자신의 복습만이 성적을 좌우한다는 뜻이기도 하다. 그것을 알면서도 강사는 자기가 가르쳐 놓았으니, 아이가 노력한 것을 넘어서는 결과가 나오지 않을까 기대한다.

학원에 오래 다닌 아이들의 성적은 더 큰 관심사이다. 고교 3년 내내 아이를 가르쳤다면 아이의 노력 여하와는 별개로 '아이의 성적표가 강사로서의 내 성적표'이기 때문이다. 수업 이외에서도 아이가 기울여야 할 노력을 가장 효율적인 방식으로 이뤄지게끔 관리해야 한다. 그렇게 관리한 학생 중 좋은 대학에 진학한 아이가 있으면, 그것은 곧 강사의 유명세와 연결된다. 진학 실적만큼 학원을 홍보하기에 효율적인 수단은 없다. 학부모들은 학원을 고를 때, 내 아이와 강사가 얼마나 잘 맞을지보다는 진학 실적으로 강사를 판단하곤 한다.

그러다 보니 아이들의 내신 시험 성적표가 학원 출입문에 게재되고, 대입 시험 결과가 홍보지로 뿌려지는 일이 흔히 발생한다. 성적이 공개되는 아이의 동의를 얻기 위해 상품권을 주기도 하고, 동의 없이 이름의 가운데 글자를 가리고 목록을 갱신하는 경우도 있다. 한 학생의 입시 결과가 다른 학원에서 동시에 게재되는 일도 비일비재하다. 아이가 학원에 한두 달 밖에 안 다녔더라도, 거쳐 간 아이가 성적이 잘 나오면 일단 광고부터 하기 때문이다.

아이들은 학원 문 앞에서 그 영광의 이름들을 보며 "선생님, 애 ㅇㅇㅇ 아니에요? 애 점수 많이 올랐구나.", "걔는 여기 다녀서 엄청 올랐네요. 저는 이번에도 망했는데……." 같은 절망감을 드러낸다. 학원의 홍보 전략에는 이들을 위한 배려가 들어 있지 않다. 오히려 "이 친구도 했으니 너도 할 수 있다."라는 격려가 될 수 있다고 주장하는 사람이 있다. 하지만 내 경험으로 볼 때, 아이들이 처음 학원에 올 때는 "이 친구가 올랐으니 나도 오르겠지?" 같은 기대를 품고 등록하지만, 대체로 시간이 흐를수록 "같은 걸 배웠는데도 저는 안 되나 봐요." 같은 좌절감을 드러낸다.

학원의 홍보 방식은 진학 실적에만 국한되지 않는다. 학부모가 학원에 들어섰을 때, 우리 학원이 수업 외의 방식으로도 아이들을 제대로 관리하고 있다는 것을 보여 주기 위한 방법도 있다. 그것은 매달 학원에서 시험을 치른 후, 성적순으로 명단을 공개해 복도에 붙이거나 과제를 여러 차례 안 해 온 학생의 이름을 출입문에 붙이는 방식이다. 학부모들은 학원을 방문했을 때, 성적 순위표를 유심히 보면서 아는 학생의 이름을 찾거나 학원 수강생의 수준을 가늠해 보곤 한다. 출결이나 과제에 문제가 있는 학생의 이름이 붙어 있는 것을 보면서 "잔인하네요."라고 인상을 찡그리는 학부모도 있지만, "관리가 철저하시네요."라고 신뢰를 표하는 학부모가 더 많다.

이러한 조치가 실제로 아이에게 동기 부여를 했는지는 의문이다. 성적 순위표가 붙으면 아이들은 그 앞에 가서 상위권 학생들의 이름을 확인하고 그 친구들을 우러러보거나 자신의 위치를 확인하고 의지를 불태우기도 한다. 하지만 성적이 낮은 아이들은 "이런 걸 왜 붙여요? 자존심 상해요."라며 투덜댄다. 그럴 때마다 학원은 "어차피 하위권 애들은 아무도 신경 안 쓰니까 네가 몇 등인지 아무도 몰라."라든가 "너도 열심히 해서 올라가면 된다."고 경쟁의식을 주입한다. 물론 동기를 부여하기 위해 강사가 택할 수 있는 방법이 이것 하나뿐은 아니다. 개별 면담을 통해 넌지시 석차를 일러 주는 방법도 있고, 아이 개인의 성적 변화 추이를 파악하고 그에 맞는 조치를 취하는 방법도 있다. 강사의 손이 여러 번 가야 하니 안 하는 것일 뿐.

앞에서 말한 여러 과정을 몇 차례 반복하다 보면, 자존심에 상처를 입은 아이들은 떨어져 나가고, 학원 안에는 '물갈이'된 아이들이 남는다. 어떻게 해도 공부를 잘 할 학생들은 교실에 남고, 그 아이들을 보며 기대 심리로 학원을 다니는 아이들이 새롭게 들어오곤 한다. 강사 편의에 맞게 교실이 구성되는 것이다. 그것은 아이의 인권은 안중에도 없는 조치지만, 강사가 아이를 관리하거나 좋은 결과를 내기에 편한 조합을 이끌어 낸다.

이 같은 행동은 아무것도 안 하는 학원보다는 나을 수도 있다. 아이들의 성적을 전혀 공개하지 않고, 출결과 과제에 별다른 제재 조치가 없을 경우, 또 다른 문제가 생기기 때문이다. 예를 들어 한 달의 절반은 학원을 빠지거나 과제를 여러 차례 안 하면서 강사 눈치만 보는 아이들 말이다. 마음은 공부하고 싶은데 몸이 움직여 주지 않는다는 학생부터, 엄마가 다니라니까 억지로 다니고 있는 학생까지 강제 조치가 없으면 아무것도 하지 않으려는 아이들은 분명 존재한다. 그 아이들에게 숙제를 하고 있는지 항상 확인하고, 수업 30분 전에 학원으로 출발하라고 어르고 달래는 것에는 한계가 있다. 그럴 때 상술했던 강제적인 조치들은 아이들의 정신을 번쩍 들게 한다.

민감한 10대에게 성적 공개는 씻을 수 없는 상처가 될 수도 있다

하지만 과제를 잘 안 해 오는 아이를 공개적으로 망신 주거나 성적이 낮은 아이들을 공개하는 것이 유일한 해결책은 아니다. 이런 조치가 아이들에게 어떤 영향을 미칠지 확신할 수 없다. 또래 친구들 사이에서 인정받는 것이 가장 중요한 10대 청소년들이니만큼 '창피해서' 과제를 하고 공부를 할 수도 있다. 오기를 갖고 말이다. 하지만 좌절감만 커져서 무기력해지는 친구들도 있다. 아이의 성적을 학원 홍보에 사용해도 되는지에 대해서도 정답은 없다. 법으로 정해진 규제가 없기 때문이다. 다만 학원 홍보 수단으로는 포스트잇과 공책을 돌리고, 신문지에 전단지를 끼워 보내는 방식보다는 이 방법이 훨씬 효과적이다. 따라서 진학 실적에 매달려 홍보를 하는 일은 필승 카드로 계속 쓰일 것이다. 또한, 그를 위해 강제적인 '물갈이'를 통해서 성적이 좋은 아이들만 학원에 받으려는 노력 역시 계속될 것이다. 인권 침해가 있다 하더라도 학원의 자체적인 정화를 기대할 수 없는 이유다.

엄마가 뭔데
내 인생에
간섭이야

아이는 엄마가 갑자기 하는 부모 노릇을 받아들이기 어렵다.
누군가와 연결되고 싶어 하지만
그 대상이 부모는 아니다.

아이가 어릴 적에 부모가 바빴다. 아버지는 사업 때문에 집에 잘 못 들어오고, 어머니는 직장과 학업을 병행하느라 아이에게 집중할 수 없었다. 아이는 자연스럽게 조부모가 맡아서 길렀다. "내가 뭘 해도 우리 할머니는 내 새끼 잘한다고 하셨어요." 아이에게 할머니는 세상의 전부였다. 아이의 일상에서 부모는 가끔 얼굴을 보며 적당한 거리를 유지하는 사람들이었다.

"이제 와서 저한테 왜 그러는지 모르겠어요." 갈등은 중3 때 시작되었다. 어느 날부터 어머니가 학교생활에 관심을 갖기 시작한 것이다. 아버지도 안 그러는 척하면서 성적을 알아 두려고 했다. "지금껏 제가 뭘 하든 관심 한 번 주지 않던 사람들이 갑자기 이거 잘못됐다고 그러고, 제가 뭐만 하면 평가하려고 하니까 좀 당황스러워요." 고등학교에 지원할 때가 되니 엄마의 개입이 당연하게 이루어졌다. "어차피 제가 가고 싶었던 학교였지만, 엄마가 거기 쓰라고 하니까 좀 황당했죠. 자기가 뭔데 갑자기……. 정작 필요할 때는 있어 주지도 않았으면서."

엄마는 아이의 고교 생활에 끼어들었다. 학원은 어디를 가야겠다는 등 대학은 어디를 갈 것이냐는 등 시도 때도 없이 '무례하게' 아이의 삶에 들어왔다. 아이가 불편함을 표현해도 엄마는 그것을 '당연히 그래도 되는 것'이라고 여겼다. 아이는 엄마가 갑자기 하는 엄마 노릇을 받아들일 수 없었다. 아이에게 엄마는 '내가 뭘 해 왔고 무슨 생각을 하는 지에는 관심도 없으면서 성적 얘기나 하려고 하니까 짜증만나는 존재'였다.

가족에게 정을 붙이지 못하는 아이는 또래 친구들, 학교나 학원 선생 등 마음 둘 곳을 밖에서 찾는다. 하지만 친구들은 부모가 개입하는 것을 당연하다고 여기기에 말을 해 봐야 자신만 겉도는 느낌이 든다. 굳이 이해받을 수 없는 마음을 터놓아야 하는 것인지 의문스럽기도 하다. 아이는 누군가에게 이해받고 싶지만 이해받지 못하더라도 상관없다고 했다. "사람들은 다 자기가 겪은 것만큼만 이해하니까 어쩔 수 없어요."

한 아이의 사례에서 끝나는 것이 아니다. 부모와 스킨십이 부족했던 아이들은 종종 "엄마가 뭔데 내 인생에 간섭이냐?"며 불편해한다. 하지만 아이와 충분한 신뢰 관계를 형성하지 못했더라도, 대입을 앞둔 아이에게 무관심할 수 있는 부모는 드물다. 오히려 입시로 인해 아이의 삶에 한층 더 적극적으로 개입하게 된다. 갈등은 거기에서 발생한다. 비슷한 사례를 마주할 때마다 아이가 부모와 조금만 더 깊이 있는 대화를 했더라면 좋았을 것이라는 아쉬움이 든다. 아이에게 부모의 사정을 헤아려 보라고 권할 수도 있다. 하지만 19년이나 쌓여 온 원망 때문에 아이는 그것을 원하지 않는다.

"부모님이 회사 일을 하느라 너를 많이 챙길 수 없었을 것."이라고 말하면 아이는 "일보다는 나를 소중히 여기길 바랐지만, 엄마는 그렇게 하지 않았다. 지금은 내가 그걸 바라지 않는데 이제 와서 내 인생에 왜 끼어드는지 모르겠다."며 불쾌해한다. 아이에게, 원하지 않아도 일에 매달릴 수밖에 없는 어른의 사정이나 경력 단절과 같은 구조적인 문제를 이해시킬 수는 없는 노릇이다. "다들 최선을 다해 살았고, 누구도 너를 방치한 것이 아니다."라고 말해 보지만 아이는 마음을 닫고, 그것을 수용하고 싶어 하지 않는다. 대입을 앞두고 부모가 여력을 쥐어짜 공을 들이는 것도 아이들 눈에는 '왜 저러나?' 싶은 것이다.

최선을 다해도 전해지지 않는 진심에 학부모들은 '일하는 엄마는 아이한테 늘 죄인'이라며 미안해한다. 아이가 "엄마가 나한테 해 준 게 뭐냐, 언제부터 나한테 관심이 있었느냐?"고 되받아 버리니 아이 곁에 설 자리가 없다. 어떤 학부모는 큰마음 먹고 "너 학원비며 용돈이 다 어디서 나온 것이냐?"고 호통을 친다. 부모가 이토록 너 하나 잘 키우기 위해 노력하고 있음을 알아주길 바라는 마음인 것이다. 하지만 아이는 "필요 없다. 집 나가면 될 것 아니냐."고 반발해 버린다. 어떤 아이는 회사에 나가는 엄마를 향해 "나는 절대 일하는 엄마가 되지 않을 거야."라고 말한다. 그 친구에게 "너 역시 일하는 여성이 될 것 아니냐?"고 물어보면, 아이는 입을 삐죽 내민다. 열여덟, 열아홉 살은 아직 거기까지 생각이 닿지 못하는 나이다. 개중 몇몇은 "이런 사회에 태어난 엄마가 안쓰럽기도 하지만 나도 불쌍하기 때문에 이해하고 싶지 않다."는 말을 꺼내기도 한다.

아이의 주변 사람을 이용하여 문제를 풀어라

집에서 자식과 밥 한 끼 같이 먹기에도 빠듯한 부모에게는 무척 속상한 이야기다. 그들은 자신의 일상에서 살아남기가 바쁘기에 아이가 어떤 사람과 연락을 하고, 누구에게 마음을 터놓고 지내는지 알기가 어렵다. 학교나 학원을 찾아가는 것도 큰 결심을 해야 하는 일이고, 아이의 휴대전화를 들여다보려니 아이가 질색을 하며 잠금을 걸어 버려서 그마저 쉽지 않다. 아이 말에서 단서를 찾아내려 하지만 대화 시간 자체가 확보되지 않는 경우도 많다. 그런 상황에서 드물긴 하지만 "우리 아이랑 자주 연락하시죠? 애가 왜 이렇게 삐딱하게 구는지 모르겠어요."라며 연락이 오는 학부모들이 있다. 강사에게 찾아오기까지 부모가 또 얼마나 마음을 졸이고 신경을 썼는지 짐작해 보면 마음이 복잡해진다.

세월이 약이라고 결국 시간이 흐르면 이런 앙금은 자연스럽게 녹아 버린다. 하지만 아이의 주변 사람들을 적극적으로 만나 보면 그 시간을 조금이라도 단축할 수 있다. 그 대상이 학교의 담임 선생일지, 마음을 터놓고 지내는 교과목 선생일지는 모른다. 전인 교육에 책임이 없는 사교육 강사라 할지라도 그 대상이 될 수 있다. 선생들은 정도의 차이는 있을지 몰라도 누구나 아이에 대한 책임감을 지니고 있다. 학부모들은 어렵게 시간을 내서 선생들을 찾아도, 그들의 시간을 뺏는 것 같아 미안하다고 어쩔 줄 몰라 한다. 하지만 선생과 적극적으로 대화하면서 부모와 아이의 가교 역할을 그들에게 요구할 수 있었으면 좋겠다. 선생 역시 아이와 일상의 반을 함께 지내면서 아이를 같이 길러내는 존재이기 때문이다.

학생의
수업 평가에는
여과지가 없다

학생과 함께 호흡하며 발전해 나가는 과정 속에 수업의 답이 있다.
학생 역시 선생과 수업을 맞춰 가다 보면,
자신에게 필요한 교수 방식이 무엇인지 스스로 깨달을 수 있다.

학원에서도 강사 평가를 한다. 공식적으로 설
문 조사를 하는 경우도 있고, 상담 전담 직원이나 담당 강사가 상담을
하며 파악하는 경우도 있다. 상담을 하다 보면 있는 트집 없는 트집
다 잡아서 소비자라는 자신의 우위를 증명하는 사람도 있고, 매일 얼
굴 보는 처지에 불편할까 봐 답변을 피하거나 혹시라도 내 아이가 피
해를 입을까 봐 좋은 말만 하는 사람도 있다. 하지만 표본을 늘려서
상담을 진행하다 보면 수업을 평가하는 아이들의 눈이 날카롭다는 것
을 알게 된다. 수업에 관한 한 아이들의 말을 "애들이 뭘 아냐."며 흘
려들어서는 안 된다.

아이의 평가가 100% 객관적이지는 않다. 아이의 성향과 선생의
가치관이 맞지 않아 갈등을 유발하는 경우도 있고, 아이가 맥락에 대
한 이해력이 부족하거나 정서적으로 민감한 시기를 거치고 있어 합리
적인 판단을 내리지 못하는 때도 있다. 단순히 선생이 풍기는 분위기

가 마음에 들지 않아 그의 존재 자체를 거부하는 사례도 빈번하게 발생한다. 학습 내용 자체가 어려울 때도 평가가 달라지곤 한다. 금방 흥미를 잃고 포기하는 학생과 인내심을 발휘해 버티는 아이는 같은 수업에 대해 완전히 상반된 평가를 내린다. 학생의 마음가짐에 따라 이해도가 좌지우지되다 보니 수업 평가도 그에 따르게 되는 것이다. 이런 문제가 있음에도, 아이들이 수업에 대해 매기는 점수는 납득할 만한 평균값을 보인다.

아이들은 이해가 잘 되는 수업과 그렇지 못한 수업을 구분하는 데 도가 텄다. 선생이 수업에 대해 공을 들이는지 아닌지도 단칼에 구분해 낸다. 아무리 제멋대로인 아이라도, 선생이 수업을 열심히 하면 그 공을 알고 "그 선생님이 열심히는 하는데 수업을 못해서 좀 안타까워요."라고 동정표를 던진다. 초등학생 때부터 다량의 수업에 노출되며 자라 왔기 때문에 아이들은 소비자로서의 안목이 형성되어 있다. 이 때문에 끊임없이 선생들의 수업 수준에 대해 공유하고, 시험 문제에 대해 평가를 내린다. 일부 어른은 교육 현장에서 능동적으로 반응하는 아이들을 향해 "애들이 공부는 안 하고 평가나 하면서 건방을 떤다."며 혀를 찬다. 하지만 학생들의 '매의 눈'이 수업을 공급하는 이들을 긴장하게 하는 것은 사실이다. 평가는 학교, 학원을 가리지 않는다.

"우리 학교에 새로 오신 국어 선생님이 있는데 늘 중언부언해요. 이 말했다가 저 말했다가 하니까 수업을 다 듣고 나면 뭘 들었는지 모르겠어요.", "학교 영어 선생님이 자습서를 들고 와서 수업을 해서 어이가 없었는데, 학원 교재도 자습서를 똑같이 붙여 넣었던데요? 마땅한 곳이 없으니까 다니긴 하는데 다 별로예요.", "학원 수학 선생님이 애들한테 인기는 많은데, 잘 가르치지는 못해요. 어려운 것을 설명할 때 다른 사례는 못 들면서 그냥 목소리만 크게 내요. 그러면 못하는 아이들은 잘 가르친다고 착각하죠. 애들만 불쌍해요." 아이들이 내리는 평가에는 여과지가 없다. 직설적이고 솔직하게 불평을 말한다. 아이들의 말은 돌고 돌아 선생의 귀에까지 들어온다. 적어도 당사자가 수업 반응을 확인하고 있다면 말이다. 아무리 학생과 유대 관계가 끈끈하더라도 실력이 부족하면 "사람은 좋은데 수업을 못한다.", "친구들이 맛있는 거 많이 사 준다고 해서 다니는데 수업은 들을 게 없다."는 소리를 듣게 마련이다. 물론 "그 선생님은 인성이 쓰레기인데 수업은 잘해요.", "잘 가르치긴 해요."라는 말을 하기도 한다. 그 뿐만이 아니다. 가끔 학생들은 "많이 배우는 것은 알겠는데, 이 수업으로 무슨 시험을 칠 수 있을지 모르겠다."라며 수업 너머의 것까지 요구한다.

선생은 완성된 존재가 아니다

애정을 쏟았던 학생에게 불평을 들으면 식은땀이 나기도 하지만, 그런 과정을 통해 선생들의 수업은 발전해 간다. 힘들기는 해도 학생들의 반응을 취합하다 보면 아이들이 실제로 무엇인가를 알고 있을 때가 있고, 거기에서 수업에 대한 해답을 찾을 수도 있다. 그런 까닭에 많은 선생이 "수업은 나 혼자 하는 것이 아니다."라고 아이들에게 공지를 한다. 아이들과 호흡하며 함께 발전해 나가겠다는 의지인 것이다.

잘 걸러 낼 수만 있다면 수업 평가는 누구보다 선생 본인에게 가장 필요한 것이 된다. 그러므로 학생이 소비자로서 수업에 적극적으로 참여하고 평가하는 것은 모두를 위한 일이다. 물론 아이가 감정에 휩쓸려 막무가내로 말하는 것을 다 들어줘야 하는 것은 아니다. 하지만 아이가 수업을 판단하려 할 때, 합리적으로 비판할 수 있는 기준을 어른이 마련해 주어야 한다. 그것이 가능할 때 아이가 하는 수업 평가는 충분히 귀 기울여 들을 수 있는 정보가 된다.

아이들을 처음 만나는 3월, 선생에 대해 호기심을 드러내거나 예쁨을 받고 싶어서 적극적으로 행동하는 아이들 틈으로, 견제구를 던지는 아이가 꼭 있게 마련이다. 이런 아이들은 대체로 어디 한번 수업을 해 보라는 식으로 팔짱을 끼고 앉아서 수업 내내 '청강'을 하거나 괜히 복잡한 개념을 들고 와서 "이것 좀 풀어 주세요.", "이 개념의 뜻이 뭐예요?"라며 끝까지 물고 늘어진다. '비싼 돈 들여 수업 들으러 왔으니까 확실히 간을 보겠다.'는 마음을 이해 못하는 것은 아니다. 하지만 초반의 불필요한 견제가 없어도, 장기적인 호흡으로 수업을 맞춰 나가다 보면 자신에게 필요한 수업이 무엇인지 아이들 스스로 깨닫게 된다. 어쩌면 그 시간을 보장하면서 아이의 수업 피드백을 확인하는 것이 아이를 학원에 맡긴 부모가 해야 하는 일인지도 모른다.

수업 내용을
모두 적어 보려고,
너도 해 볼래?

시험 때만 되면 머릿속이 백지 상태가 되는 학생이
노트 필기를 하면서 눈부시게 변했다. 공부를 공유하는
과정에서 선생과 학생 모두에게 전우애가 생긴다.

중간고사를 치르기 전날, 몇몇 학생의 노트를
검사했다. 시험 때만 되면 머릿속이 새하얘진다는 아이들에게 시험
범위를 처음부터 끝까지 정리해 보게 시켰던 과제 검사였다. 학원에
서도 시험 전날 정리 수업을 해 주다 보니 아이들은 "대박 노가다.",
"이거 하느라 팔 빠지는 줄 알았어요.", "어차피 지금 똑같은 수업 들
을 거잖아요. 아, 이거 다신 안 할 거예요."라고 투덜댄다. "스스로 정
리해 봐야 자신감이 생기지."라고 달랬더니 수긍을 하면서도 "비효율
적이에요.", "시간이 너무 많이 들어요."라며 불만을 계속 쏟아 낸다.
하지만 재잘대는 아이들의 목소리에는 자신감이 차 있었고, 노트의
내용은 그럴 만도 했다.

아이들 대부분은 수업 중에 중요 개념을 정리하거나 이해가 안
된 부분을 나중에 질문하기 위해 간단하게 필기한다. 하지만 농담까
지 포함해 수업 중에 나온 말을 전부 받아 적는 아이들도 일부 있다.

필기를 언제 봐도 수업 내용을 생생하게 기억할 수 있도록 선생의 모든 말을 전사하는 것이다. 노트에도 '여인의 오해=이 여자가 막장 드라마를 너무 많이 봤어.', '남자 주인공=선생님 구남친=결혼하면 안 됨.' 같은 말들이 구석구석 적혀 있다. 정리하기 힘들었다고 투덜대면서도, 그런 한 줄조차 놓지 못하고 공부하는 아이들의 절박함이 고스란히 전달된다.

수업 내용을 다 받아 적는 것이 암기에만 도움이 될 뿐 정작 학생 스스로 생각하는 능력은 키워 주지 못한다며 수업 중에 필기하는 것을 금지하는 선생도 있다. 꼭 필요한 내용만 암기하면 된다고 빈 괄호를 만들어 학습지를 배부하는 선생도 있다. 그러나 또 다른 선생들은 수업의 맥락을 확실히 이해해야만 다음 단계로 발전할 수 있다며 필기를 강조한다. 전체 맥락 속에서 개념을 배치할 수 있게 하기 위해 선생의 모든 말을 전사하거나 부분적으로 암기할 것을 권장하는 이들도 있다.

아이들에게 어떤 식의 필기법이 맞는지 모르겠다. 아이들의 말처럼 전체 흐름을 이해하기만 하면 충분한 공부가 되는 것도 같다. 그렇다면 암기라는 비효율적인 과정을 생략하고, 죽을 둥 살 둥 필기를 하지 않아도 괜찮은 것 아닌가 싶다. 하지만 맥락에서 생성되는 의미를 이해하고 자신의 말로 표현하기 위해서는 기초를 정확히 쌓는 것이 필요하다. 그를 위해서 몇 가지 암기와 전사한 것을 반복해서 보는 과정이 필요하긴 하다. 공부의 목적과 단계에 따라 필요한 방법이 다른 것이다. 여기에 아이의 성향까지 개입되다 보니 무엇을 권장하기가 어렵다.

다만 학원을 다니는 아이들에게 전체를 파악하고 중요 세부 사항을 외워 나가는 정석적인 공부법을 요구하면 거부감을 보일 때가 있다. 물론 그렇게 해서 성적이 나오면 '학원의 강제성' 덕을 봤다며 입장이 달라지지만, 일단은 아이들이 사교육에 기대하는 바와 거리가 먼 것은 사실이다. 그래서 학원은 시험 전날에는 귀찮아서 아무것도 하지 않으려는 아이들에게 쪽지 시험으로 해당 단원의 핵심 개념을 암기하게 하고, 수업 내용은 전부 정리된 인쇄물로 아이들에게 제공해 어떻게든 '한번은 본 것 같은' 상태를 만들어 낸다.

노력을 거들어 주는 수준을 넘어서서 아이들이 최대한 덜 노력해도 되게끔 상황을 조성하는 것이 옳은가 하는 의문이 들기도 한다. "시험 공부는 내가 하고, 너희는 떠먹기만 한다."고 답답함을 호소해 보거나 "공부에는 왕도가 없다."고 충고를 하기도 한다. 하지만 강사들도 아이들이 학원에게 좀 더 빠른 지름길을 기대하는 것을 당연하게 여기고, 그 역할을 수행하며 회의감과 동시에 엄청난 보람을 느끼기도 한다. 아무것도 하지 않으려는 아이에게 밥상을 차려 떠먹여 줬더니 점수가 나왔을 때, 마치 내 덕인 것 같은 착각이 들기도 하기 때문이다. 물론 흔한 일은 아니다.

학생과 선생이 공부를 공유하는 동학同學이 된다

그렇기 때문에 농담까지 전부 필기하는 아이가 있으면 그 아이의 능동적인 태도가 그저 고맙다. 내 말을 열심히 들어주는 아이들을 보면 쓸

모 있는 사람이 된 것 같은 기분이 든다. "내가 뭐라고 이렇게까지 열심히 내 말을 듣고 따를까?" 싶어서 아이들에게 정말 괜찮은 수업으로 보답해야 한다는 압박을 느끼기도 한다. 그렇게 한 해의 첫 시험인 1학기 중간고사를 치르고 나면, 그 고된 과정을 함께 넘은 아이들에게는 전우애 비슷한 것이 생긴다. 성적이 나오면 서로 칭찬하기 바쁘게 되고, 성적이 안 나와도 "선생님이 많이 노력해 주셨는데 죄송해요.", "아니야. 그렇게 같이 애썼는데 내가 하나라도 더 봐 주지 못해 미안해." 같은 미안함을 공유하게 된다. 공부는 혼자 하는 것이라고 말하면서도, 어쩔 수 없이 아이에 대한 책임감이 자란다.

당장 지도서로 써도 될 만큼 완벽하게 정리를 해 온 아이에게 "차라리 이걸 문제집으로 만들어서 학교 애들한테 팔아."라고 농담을 던진다. 아이는 "다음에는 한글 파일로 작업해서 프린트해서 드릴게요."라며 자신감을 드러낸다. 인정받는 것이 좋아서라도 노력을 게을리 하지 않을 아이들이다. 점점 능동적인 공부를 하지 않는 아이들이 많아지다 보니 이런 아이들이 얼마나 귀한지 체감한다. 이 아이들조차 학원에서 편리하고 이해하기 쉬운 것만 떠먹여 주다 보면 언젠가는 자신의 노력을 '귀찮게 여기는' 순간이 올까 봐 두려워지기도 한다. 그 전에 아이들이 학원을 떠났으면 좋겠기에 "너 정도면 혼자해도 된다."고 넌지시 마음을 드러내 본다. 그러자 아이들에게서 답이 돌아온다. "안 돼요! 하나라도 틀리면 대학 못 가요!"

과거의 자신에게
현재의 자신이 보내는
감사 편지

안 좋은 성적에도 좌절하지 않고 묵묵히 견뎌 낸 아이는 결국
다른 하위권 아이들과 달라진다. 견디는 것과 포기하는 것은
겉보기에는 같아도 전혀 다른 결과를 가져온다.

큰 깨달음을 준 아이가 있다. 처음으로 나눈 말은 "세 시간밖에 못 잤어요. 일주일 내내 스무 시간도 못 잔 것 같아요."였다. 이제 막 고등학생이 된 열일곱 살 소녀이다. 수능이 코앞인 것도 아니고, 중간고사도 두 달이나 남았으며, 고교 생활에 이제막 적응하기 시작하는 시기에 어울리지 않는 절박함이었다. 고1, 3월첫 모의고사 성적이 좋지 않은 것이 그나마 이유라면 이유일 터였다. 잘하는 아이들은 국·영·수 도합 300점, 298점 등을 말하고 있었다. 학교 안에서 과목별로 100점인 친구들이 100명은 되더라."라는 과장이 섞인 말이 떠돌았다. "전학 가야 할까요? 내신 따기 너무 힘들 것같은데……." 첫 시험에서 60, 70점을 맞았던 아이는 자신이 이런 괴물들과 경쟁을 해야 한다는 것에 기가 질렸다.

모의고사는 모의고사일 뿐이라서 좌절하기에는 이르다. 첫 중간고사를 치르는 5월까지 아이들은 '평생 이렇게 열심히 해 본 적은 처음'이라며 노력한다. 하지만 중간고사를 치른 후 "점수가 잘 나와서 혼자 좋아하고 있었는데 나중에 석차 보고 기분이 좀 상했죠."라며 이내 실망을 한다. 그래도 중간고사라는 첫 관문을 넘어서고 난 후 아이는 불분명한 불안에서 탈출한 것 같았다. 잠을 줄이는 일이 없어진 것을 보면.

많은 아이들이 그렇듯 이 아이도 첫 시험 점수를 고교 생활의 기준으로 삼았다. 일반적으로 기준치가 낮아진 아이들은 공부할 동력을 금방 잃어버린다. 열심히 해도 점수가 안 나오니까 빨리 지치고, 기준이 낮으니 덜 노력하기 때문이다. 공부에 의미를 부여하지 못하고 궤도 안으로 진입하는 것을 포기하거나, 노력을 덜 하는 것에 자기도 모르게 익숙해지는 것이다. 강사도 첫 성적에 따라 아이들마다 다른 수업을 한다. 60점을 맞은 아이에게는 기초를 반복해 학습시키며 70점만 맞기를 빌고, 100점을 맞은 아이에게는 온갖 자료를 투입해 전교 1등을 놓치지 않도록 노력한다.

그럼에도 이 친구는 포기하지 않는다. "어디 가고 싶냐고요? 선생님도 참, 저 이 점수로는 대학 못 가요. 아시면서."라고 농담을 던지지만 크게 좌절하지 않는다. 아이의 변화 없는 점수에 속상해하는 강사에게 오히려 "언젠가는 오르겠죠. 너무 걱정 마세요."라며 위로를 건넨다. 하지만 시간이 갈수록 체력도 떨어지고 불안은 커진다. 게다가 수능 시험에 적합한 기본기가 하루아침에 쌓이지 않으니 아이의 점수는 한 해가 넘도록 제자리다. 아이는 어느 달에는 '문제집이 꼴도 보기 싫어 독서실 한 편에 그 과목 문제집만 고이 모셔 두며' 현실을 외면하기도 하고, 오답 노트를 정리하려고 집 앞까지 쫓아간 내게 "그렇게까지 애쓰지 않으셔도 된다."며 체념한 듯 굴기도 한다. 고2 여름방학 무렵에는 "공부 머리는 타고나야 하는 것 같다.", "노력해도 안 되는 것이 있나 보죠."라며 "뭐 죽기야 하겠어요? 괜찮아요."라고 속사포 같은 말로 자신을 방어한다. 그러면서도 이 아이는 책상 앞에 앉는다. "공부가 하기 싫으면 음…… 숙제를 하면 돼요. 학교, 학원 아무것이나 그냥 숙제를 하다 보면 어떻게든 되겠지요."

이 아이는 2학년 마지막 모의고사, 3학년 첫 모의고사를 거치며 차츰 고득점에 가까워진다. 이 아이가 갑작스럽게 몰입 공부를 한 것은 아니다. 아이 스스로가 알고 있듯이 특별한 공부머리가 있지도 않다. 응용력이 좋은 편도 아니고 요령을 부릴 줄 아는 편도 아니다. 가끔은 공부를 내려놓기도 하고, 성적표를 부모님이 보지 못하게 숨기기도 하는 등 남들과 똑같은 시간을 보냈다. 다만 아이는 금방 제자리로 돌아왔다. 친구랑 비교하며 괴로워하다가도 "나는 원래 못하는 애였으니까 괜찮다."며 자신을 견뎌 냈다. 그것이 이 아이를 다른 하위권 아이들과 달라지게 한 원동력이다.

노력이 없다면 변화의 시작조차 불가능하다

물론 이 아이와 비슷한 경우에 있는 학생들이 모두 원하는 대학에 안착하지는 못한다. 3년간 노력했는데, 그 노력의 결과가 4년 차에 나타나 1년 늦게 대학을 갈 수도 있고, 전혀 예상치도 못했던 대학에 진학할 수도 있다. 성적 격차가 나타나기 시작했을 때, 성적이 오른 아이는 "하니까 되네요. 신기하네요."라며 얼떨떨해한다. 그걸 보며 "○○○가 싫은 건 아닌데 같이 급식 먹기가 좀…… 저만 못하니까 괴롭고…… 이러는 제가 못났다 싶고……."라며 하소연을 하는 아이도 있다. 하지만 모두 제 나름의 결과를 봤다. 고1 때의 석차와 점수로는 기대도 할 수 없었던 결과를 낸 것이다. 노력한다고 원하는 모든 것이 이뤄지지는 않지만, 노력이 없었다면 변화의 시작조차 불가능했을 것이다. 이것을 스스로 깨달은 아이들은 평생의 저력을 얻은 것이다.

이들 중 국어 과목에서 꼴찌를 했던 소녀는 현재 수도권에 있는 대학의 국어교육과에 재학 중이다. 합격 소식을 들었던 날 아이는 "항상 꼴찌했던 성적표를 책상에 붙여 놓고, 시험 볼 때마다 내가 어디까지 올라왔는지를 생각하며 버텼어요. 저를 포기하지 않아 주셔서 감사해요."라고 편지를 남겼다. 하지만 그 감사는 과거의 자신에게 현재의 자신이 보내는 감사이다. 스스로를 단정 짓고 미리 포기하지 않았기에 아이가 스스로 얻어 낸 결과인 것이다.

학원비는 강사에게
스트레스 푸는 비용이
아니다

선생은 아이 성적 때문에 받는 스트레스를 공유하고,
아이 진로를 함께 논의하는 사람이지,
화풀이를 해도 되는 샌드백은 아니다.

입시 학원이 학부모의 감정 쓰레기통처럼 느껴질 때가 있다. 학원은 학업에 관한 것만 다룰 것 같지만 그렇지도 않다. 학원 강사에 대한 심리적 장벽이 낮다 보니 학부모가 감정적 동요를 고스란히 전달하는 일이 시도 때도 없이 일어난다. 그러다 보니 퇴근을 해도 고객 관리가 끝나질 않는다. 1년에 1번 정도 술에 취해 말 안 듣는 아들에 대한 스트레스를 하소연하는 학부모도 있고, 1주에 2번씩 내 아이의 사랑스러움을 알고 있느냐며 자신의 자식 사랑을 강사가 알고 그에 맞춰 주기를 바라는 문자를 한 무더기 보내는 학부모도 있다. 아이가 청소년기를 거칠 때 생기는 엄마의 불안이 아이에게 표출되지 않고 강사에게만 오는 것이라면 차라리 다행이다. 하지만 일반적인 순서는 옆에 있는 아이가 혼이 나고, 그 다음에 강사에게 연락이 오는 것이다. 엄마들의 절박한 심정을 모르는 것은 아니지만, 새벽까지 걸려 오는 전화를 받다 보면 그들이 스스로 스트레스를 감당하기 어려워서 학원비를 내고 타인에게 감정을 분산하고 있다는 생각이 든다.

　공부를 무척이나 안 하는 고1 남학생이 있었다. 입시 학원 뺑뺑이에 지쳐 있었고, 부모에 대한 반감도 치솟은 상태였다. 타이르고 혼을 내도 몇 주째 학원 과제를 해 오지 않았고, 강제로 보충 학습을 시켰더니 그 주 수업 도중에 "보충 수업 시간 포함해서 제가 들어야 하는 수업 시간은 다 채웠으니까 저 갈게요."라며 강사를 밀치고 나가 버렸다. 아이의 어머님은 "애 아빠가 매를 들었더니 자기 아빠를 때리겠더라. 학교도 찾아가 봤는데, 담임 선생님도 기다리라고만 하더라. 그런데 때려서라도 공부를 시켜야 하지 않냐. 그래서 학원에 보낸 것이니 강사가 알아서 해 달라."라고 했다. 무엇이라도 해 보고자 아이를 불렀지만, 아이는 도망가기 일쑤였고, 겨우 상담실에 앉혀 놨을 때는 경멸하는 눈빛으로 "네가…… (휴) 선생님이 뭔데 참견이세요?"라는 말을 던졌다. 스트레스의 원인이 원치 않는 공부라고 하기에 오랜 대화 끝에 학원을 그만 다니는 것이 좋겠다는 결론을 내렸지만, 결론을 전해 들은 부모는 전혀 받아들이지 않았다. "애를 때려서라도 가르쳐야지 우리 애를 포기하는 거예요?", "학원에 돈을 냈으면 받아야지 왜 애를 못 받는다는 거예요?", "학원비를 낼 거고, 다음 주에 확인 전화 또한 할 거예요. 우리 애한테 무슨 조치를 취했는지 다 말하세요." 학부모에게 필요한 것은 논리가 아니었다. 아들로 인한 스트레스를 분이 풀릴 때까지 들어줄 사람이 필요했던 것이다.

　하루는 '선생님 늦은 밤중에 죄송합니다.'로 시작하는 점잖은 문자를 받았다. 고1 여학생의 어머니였는데, 아이가 학원을 마친 지 한참이 지났는데도 아파트 화단 옆 벤치에서 친구와 수다를 떨고 있던 것이 문제였다. 아이는 학원에서 밤 10시에 나갔는데, 어머니가 집에 도착한 자정 무렵까지 집 앞에서 안 들어가고 있었다. 같은 학교 친구와 이야기를 나누다 보니 두 시간이 훌쩍 흐른 것이다. 하필 부모님이 탐탁치 않아하는 아이와 함께 있었던 것도 문제였다. 부모님은 불같이 화를 내며 학원에 전화를 걸었다. "학원에서 시간표를 따로 떼어 놓으면 아이들이 같이 다닐 일이 없지 않느냐?" 문제가 있는 줄 몰랐고, 아이들이 자발적으로 같은 시간대에 등록한 것이라는 학원의 해명에 "앞으로 저쪽 애가 우리 애랑 같은 시간대에 등록할 수 없게 하라."고 항의를 계속했다. 그것으로도 분이 풀리지 않았던 부모는 내게 문자를 보낸 것이었다. 문자의 요지는 만일 아이들이 자기들 맘대로 시간을 바꿔 같은 수업에 들어와도 같이 앉지 못하도록 할 것, 수업이 끝나면 아이를 잡아 논 후 따로 보낼 것, 다음번에도 둘이 같이 다니는 모습을 보게 되면 가만있지 않겠다는 것 등이었다. 문자는 "선생님도 소문이 무서운 거 아시잖아요."라는 문장으로 끝을 맺었다. 둘을 떼어 놓으라는 이야기를 처음 듣는 내게는 이것이 아무리 재발 방지를 위한 것이라 해도 과한 위협으로 느껴졌다. 다음 주에 학원에서 만난 아이는 그날 새벽 5시까지 엄마에게 혼이 났다고 했다.

시험 다음 날에는 전화기에서 불이 난다. '믿을 수 없는 결과'에 적응하지 못하는 부모들은 자신의 기대치와 현실 사이의 괴리를 받아들이는 시간이 필요하다. 그것을 이해하지만 화를 가라앉히기도 전에 전화를 걸어 파들파들 떨리는 목소리를 마주할 때는 한숨이 나온다. 통성명을 하자마자 "우리 애 보충 몇 번이나 해 주셨죠?"라며 보충 수업 내역을 요구하거나 "우리 애가 문제가 이상하다잖아요. 이 시험 문제의 오류를 찾아서 내일 오전까지 알려 주세요."라고 요구하는 부모들이 있다. "학원에서 뭘 가르쳤길래 이 모양이냐!"며 소리부터 지르거나 "수업 중에 쓸 데 없는 것만 하는 것 아니냐?"며 내 아이 인생을 책임지라고 화를 내는 경우도 많다. 경험 많은 강사는 이를 대비해 미리 출석부, 보충 내역, 과제 내역, 아이가 연락을 회피한 경우를 다 기록하고, 심한 경우 아이들에게 미리 공지한 후 수업을 전부 녹화하기도 한다. 분쟁이 발생했을 때 '강사는 노력했는데 아이가 따라오지 않았음'을 증명하기 위해서이다.

자녀의 성적 문제만 걸려 있지 않으면, 이들은 누구보다 좋은 부모일 것이다. 입시 현실이 사람을 궁지로 몰다 보니 신경질적인 반응이 나오는 것이라고 믿고 싶다. 일례로 고2 때 여자 친구가 생겼던 한 남학생은 "중학교 때는 부모님이 여자 친구가 있어도 별말 안하셨는데, 이번에는 그렇지 않으시더라고요."라며 씁쓸해했다. 아이가 휴대 전화 배경 화면에 사귄 날짜를 표시해 두었는데, 그것을 본 어머니가 여자 친구가 생긴 것을 알게 되었고, 휴대전화를 뒤져 여자아이의 전화번호를 알아냈다는 것이다. 어머니는 학교로, 할머니는 학원으로 전화를 걸어 자신들이 안심할 수 있는 답이 나올 때까지 반복적으로 문제의 심각성을 하소연했다. 거기에 그치지 않고 여자아이의 어머니에게 전화를 걸어 "그 집 딸은 근본이 없다."며 "학생이 공부를 해야지

어디 남자나 꼬시고 있느냐?"며 "공부도 못하는 애가 우리 아들 장래를 망친다."고 폭언을 쏟아 냈다. 아이의 말처럼 부모가 원래 관대했는데 변한 것인지, 이전부터 참고 있던 것이 폭발한 것인지는 모른다. 그러나 내 아이의 입시로 인해 학부모의 감정 기복이 더 심해지고, 화를 주변에 쏟아 내게 된 것만은 확실해 보인다.

지불한 학원비는 수업료이지, 감정 처리 비용이 아니다

입시가 막바지로 향할수록 부모의 영향은 지대해진다. 아이가 스스로 감당할 수 없는 불안을 달래 주는 것도 부모밖에 할 수 없고, 체력적으로 지쳐 수험 공부를 놓을 때 챙겨 줄 수 있는 사람 또한 부모밖에 없다. 대입까지 가는 과정 내내 교사와 강사가 함께하지만 지식 전달, 입시 지도, 동기 부여 이상을 해내기는 힘들다. 선생에게 학생은 그 아이 하나가 아니기 때문에 아무리 상담을 자주 해도 아이를 전방위적으로 보살피는 데에 한계가 있다. 아이 인생에서 가장 중요한 시기를 함께한다는 무게 때문에 부모들은 고등학교 과정 내내 필요 이상으로 불안에 떨고, 극심한 스트레스를 받는다. 부모 입장에서는 그 스트레스를 풀 대상으로 수험생인 자기 자식보다는 제3자인 교사나 강사를 택하는 것이 더 현명할 수도 있다. 하지만 지불한 학원비는 수업료이지, 감정 처리 비용이 아니다. 남에게 쏟아 내는 짜증에는 부모이기에 싫어도 감당해야만 하는 자신의 몫이 분명히 있다. 그 마음을 잘 들여다보면 부모 스스로의 욕심 때문에 유발된 불만의 비중도 클 것이다. 선생은 그런 화가 치밀어 오를 때, 같이 상의를 하고 아이를 지도할 방향에 대해 같이 논의하기 위해 필요한 사람이지 화풀이를 해도 되는 샌드백은 아닐 것이다. 부디 부탁이다. 마음에 끓어오르는 불덩이 중 엄마의 몫과 강사의 몫을 조금은 구분해 달라. 학부모가 받는 스트레스는 자식을 낳아 보지 않은 내가 감히 상상할 수 없는 정도의 크기이겠지만, 그래도 전화하기 전에 한 번만 심호흡을 하자. 쓰쓰후후!

시험 난이도 조절은
사교육 수요와
비례하지 않는다

시험이 어려우면 문제가 어려우니까 학원에 다니고,
난이도가 쉬우면, 하나만 틀려도
석차가 떨어진다며 학원을 찾는다.

시험 난이도는 학원과 어떤 연관이 있을까?
시험이 쉬우면 아이들이 학원에 다니지 않으려 하니 학원이 손해를
볼 것 같다. 하지만 점수가 잘 나오면 아이들은 학원을 원망하지 않는
다. 일단 점수가 높으면 '못했다'는 생각은 들지 않기 때문이다. 한 학
년 평균이 83~84점이 나오고, 다 맞은 아이들이 전교에 30여 명씩
나온 쉬운 시험이었어도, 석차보다는 점수가 눈에 들어온다. 못했던
아이들은 성적이 잘 나왔으니 학원에 있고, 잘했던 아이들은 수능 대
비를 위한 공부가 더 필요하다고 느껴 학원에 계속 다닌다.

얼마 전에도 한 학부모에게 "우리 아이가 중학교 때는 정말 말도
못하게 못했는데, 3개밖에 안 틀렸어요. 너무 잘했어요. 감사드려요."
하고 인사가 왔다. 그 과목에서 100점이 한 반에 열댓 명씩 나왔다는
사실을 알리자니 어머니의 기쁜 마음에 찬물을 끼얹는 것만 같았다.
"어머니, 아이는 정말 노력을 했지만 세 개 틀렸으면 석차가 상당히

낮을 거예요. 앞으로 많이 노력해야 해요."라고 에둘러 사실을 전달했지만 어머니는 그래도 앞자리에 9가 나와 희망을 본 것 같다며 기뻐했다.

쉬운 시험이 꾸준히 반복되면 공부를 잘하는 학생은 내신 대비 학원에 다니는 것이 돈이 아깝다고 느낄 것이다. 하지만 하나라도 틀리면 석차가 많이 추락할까 봐 학원을 그만두지 못한다. 이런 상황이 지속되면 몇몇 학부모는 행동에 나선다. 이런 식으로 시험을 내면 변별력이 없어서 잘하는 아이가 손해를 본다며 학교로 진군하는 것이다.

시험이 어려우면 상황이 달라질까? 그렇지도 않다. 학교 시험이 어렵게 나오면 아이들은 학원에 '무조건' 가야 한다고 느낀다. "안 배운 걸 내면 학원 가서 공부하란 소리 아니냐?"며 항의를 하거나 학교가 사교육을 조장한다고 투덜대면서 학원 등록을 한다. 그런 친구들에게 "학원 안 오고 시중에 나온 문제집 한두 권만 사서 열심히 풀면 학교 시험도 잘 칠 수 있어."라고 하면 아이들은 자기를 놀리는 줄 안다. "그걸 혼자 할 수 있으면 제 성적이 이 모양이겠어요?"

이렇다 보니 학원에서 짚어 준 핵심 사항들이 시험 문제에 나오기라도 하면, 아이들은 학원 예찬에 빠진다. 제대로 공부했다면 다 알 수 있는 내용을 시험 전날 단체 문자로 보냈더니 그 하나가 시험과 비슷했다고 열광하는 식이다. 꾸준히 노력할 생각이 없는 아이들에게는 남의 노력을 떠먹는 것이 편리한 법이다. 열심히 하는 아이들은 이런 요령에 속지 않는다. "문자를 받으면 어차피 다 공부했던 것인데 왜 왔지? 라는 생각을 해요." 하지만 학원 의존도가 높아지는 것은 마찬가지다. "시키는 것을 다 했는데도 점수가 나오지 않았다."며 더 많은 자료를 요구하거나, "무엇을 평가하기 위해 이렇게까지 어렵게 시험을 내느냐!"고 학교 교육에 화를 내며 학원의 필요성을 강조한다. 시험이 쉽든 어렵든 적정하든 학원은 영향을 받지 않는다. 상대 평가가 존재하는 한 한 학급 안에서 경쟁은 멈추지 않을 것이기 때문이다.

그런데도 학교의 조치가 사교육에 타격을 주는 경우가 있다. 수행 평가 비중이 늘어났을 때이다. 한 학기에 두 번 치르는 지필 고사 점수를 50점 이하로 설정하고, 나머지를 수행 평가로 배정하는 학교들이 있다. 이 학교의 시험은 단원에서 꼭 필요한 지식을 확인하는 수준에 그친다. 학생들은 초반에 "수행 평가 때문에 내신 공부를 못한다."고 투덜대지만, 수행 평가로 석차가 결정되는 경험을 여러 차례 반복한 후에는 "학원에서 해 줄 수 있는 것이 없다."며 학원보다는 학교생활에 충실해진다. 물론 수능 공부는 따로 해야 한다고 여기기 때문에 학원을 완전히 떠나는 것은 아니지만, 적어도 중간·기말고사라는 눈앞의 경쟁을 위해 학원에 목을 매는 경우는 줄어든다.

학원에 목매는 학생의 불안을 학교에서 줄여야 한다

그 과정에서 아이들은 "학교에서 뭘 평가하는지 모르겠다."고 평가 기준에 혼란을 느끼기도 한다. 또한 "이렇게 수행 평가 위주로 공부해서 대학에 갈 수 있겠어요?"라며 학교에 항의를 하기도 한다. "필기 검사를 받는데 다른 아이들이 포스트잇을 덕지덕지 붙여 왔더라고요. 그냥 포스트잇을 많이 붙인 아이가 점수를 많이 받는 것 같아요."라며 의구심을 품거나, 글쓰기 과제 같은 것이 나오면 "글 잘 쓰는 아이들이 점수를 잘 받겠지요."라며 노력을 평가하는 것이 아닌 것 같다고 실망하기도 한다. 하지만 학교에서 평가 기준과 목적을 충분히 공지한 후, 이해를 받고 나면 낯선 반응이 호의적으로 돌아선다. 수행 평가 비중이 높기로 유명한 어느 고등학교에서는 해가 갈수록 상세한 평가 기준을 내놓고, 학생들이 교사들에게 과제를 수행하기 위해 도움을 요청할 때 적극적으로 조언해 주고 있다. 처음에는 학원에서 수행 평가까지 해결하려던 아이들은 차차 학원보다는 학교에서 많은 것을 해 줄 수 있음을 이해했다. 그런 아이들 중 몇몇은 "수능 공부는 EBS를 보면서 혼자 할 수 있을 것 같고, 내신은 수업만 잘 들으면 되더라."며 다니던 학원의 가짓수를 줄여 나갔다.

사설 입시 업체들에 따르면 2017년 서울 주요 22개 대학의 학생부 교과/종합 전형 선발 비율은 37%에 육박하고, 앞으로 더 올라간다고 한다. 이렇게 하면 수행 평가를 전담하는 학원이 생기지 않겠냐는 우려가 있다. 고등부에서 수행 평가 학원을 따로 본 적은 없다. 많은 입시 학원 강사들이 개별적으로 관리를 해 주기 때문일 것이다. 학생의 과제를 일일이 확인하기 어려울 때, 예상 답안을 중복되지 않도록 십여 개씩 마련해서 배부하는 일은 익숙한 풍경이다. 수행 평가 위주의 학교가 일반화되면 이런 일을 전문적으로 하는 학원이 따라올지도 모른다. 하지만 일단은 학교가 지필 고사가 아닌 다른 것에 충분히 주의를 기울이고 합리적인 평가 방안을 만들어 낼 때, 사교육의 쓸모가 줄어드는 상황도 덩달아 생긴다. 내신 성적 줄 세우기가 있는 한 사교육이 완전히 사라지지는 않겠지만, 학교의 노력으로 학원에 목을 매는 학생들을 줄여 나갈 수는 있을 것이다.

아이 문제를
학원에만 맡겨 놓는 것은
회피일 뿐이다

아이를 학원에 맡긴다는 것은 제3자와 함께
다시 교육을 해 보겠다는 뜻이어야지, 돈을 내고 남에게
전적으로 아이 교육을 위탁한다는 의미이면 곤란하다.

"가끔 우리가 폭탄을 돌리고 있다는 기분이 들
어요." 한 강사가 말했다. 한 남학생에게 학원을 그만둘 것을 종용한
날이었다. 학생은 학원 수업에 자주 빠졌고, 과제를 안 해 오기 일쑤
였다. 어쩌다 학원에 오면, 책상이나 벽을 쾅쾅 치는 등 폭력적인 반
응을 보이곤 했다. 강사는 학부모에게 상황을 설명하고 가정과 협력
해 보려고 무던히 애를 썼다. 하지만 "우리 말은 듣지도 않으니까 학
원에서 알아서 하세요!"라는 부모의 대답이 반복되었다. 6개월 이상
괴로워하던 강사는 드디어 결심을 했다.

"나는 너한테 더 이상 무엇을 가르칠 수 있을지 모르겠어. 네가 학
원에 몸만 오가는 걸 그냥 두는 건 내가 잘못하는 것 같아. 공부할 마
음이 생기면 다시 만나자." 강사는 진지했다. 아이는 한 치의 미련도
없어 보였다. 고개를 끄덕이는 시늉을 하며 아이는 학원 문을 나섰다.
그 아이는 여기를 나가면 부모의 바람에 의해 또 다른 학원으로 옮겨

갈 것이다. 강사는 아이가 달라질 때까지 붙잡아 줄 학원이 있기를 기원하면서도 자신이 그 역할을 하는 데에는 지쳤다고 했다.

부모가 관리하기 힘들어서 아이를 학원에 맡겨 놓으면, 그것은 제3자와 함께 다시 교육을 해 보겠다는 뜻이어야 한다. 돈을 내고 남에게 맡겨 두었으니 더 이상 내 아이에게 신경을 쓰지 않아도 된다는 뜻이면 안 된다. 아이에 대한 개입 능력을 완전히 상실한 것은 해당 부모가 여기는 것처럼 '그 나이 또래 아이를 둔 부모가 당연히 겪는' 문제만은 아니다. 지친 마음을 모르는 것은 아니지만 아이의 문제를 학원에만 던져 놓는 것은 회피다.

수업 내내 다른 친구에게 종이 쪼가리를 던지며 괴롭히는 아이, 음료수 캔을 칼로 도려내 흉기로 조각해서 여학생들을 위협하는 아이, 상대방에게만 들릴 정도로 작은 소리로 계속 욕설을 하는 아이 등 학원에 와서 다른 학생들에게 이유 없이 문제를 일으키는 아이들이 있다. 학부모들은 한숨과 함께 "학교에서도 그래서 걱정이 많아요. 부모가 말한다고 들을 나이도 아니고…… 학원에서 알아서 신경 좀 써 주세요."라고 한다.

자주 일어나는 문제는 아니다. 학원은 공부를 하러 오는 곳이다 보니 문제가 있는 아이들이 찾아오는 일은 드물다. 하지만 비슷한 사례가 반복될 때마다 강사들은 고민한다. 아이를 포기하지 않고 변화시키고자 노력하는 강사도 있고, 아이를 잘라 내려 하는 강사도 있다. 후자는 "그 애로 인해 피해를 보는 학생이 생기잖아요. 공부하러 왔다가 피해를 당한 애가 얼마나 황당하고 무섭겠어요. 다른 아이들을 보호

하려면 괴롭힌 아이를 잘라야지요."라고 강경한 입장을 취한다. 업무에 치여서 아이를 돌볼 시간이 없거나 수업에 대한 나쁜 소문이 날 것을 염려하는 이들도 있다. 강사가 사전에 노력을 했든 하지 않았든 학원에서 아이가 맞이할 결말은 대부분 방출이다. 매달 실적을 평가받는 시스템에서 문제가 되는 아이를 계속 잡고 있기란 어렵기 때문이다.

하지만 수업을 단체로 한다는 것이 몇몇의 낙오를 허락한다는 뜻은 아닐 것이다. 교육은 개개인에게 영향을 끼치는 행위라서 전체적인 수준에서만 바라볼 수는 없다. 아이가 어떤 상태이든 맡은 아이 한 명 한 명에게 관심을 기울이는 것이 교육의 본질이다. 특히 대입 때문에 학원에 오는 고교생들이 맡긴 인생의 무게는 상당하다. 그래서 몇몇 강사들은 학원에서 내보내는 것이 아이를 위해 정말 옳은 일인지, 아이가 달라지도록 책임지고 이끌어야 하는 것은 아닌지 고민해 본다. 아이를 지도해야 하는 어른의 양심과 자신의 편의를 바꿔치기 한 것이 아닌지 마음속으로 애를 태우는 것이다. 물론 그 무게를 못 본 척 하고, '물갈이'라는 명목으로 학생들을 전략적으로 취사선택하는 학원 사업가도 비일비재하다.

"우리 애가 오죽했으면 돈 버는 학원에서도 안 받겠다고 할까 싶어 이해한다."고 대화를 끝내는 학부모도 있지만 어떤 학부모는 "우리 아이가 귀찮으니 버린다는 것 아니냐?"고 마음 상해하거나 "그러니까 선생님 말씀은 가르치고 싶지 않다는 것 아니에요? 학원이란 게 좀 부족한 애들 데려다가 잘하게 하는 거 아니에요?"라고 분노한다. 가르치라고 맡겨 놓았더니 선생이 아이를 포기했다는 것이 부모에게는 기가 막힌다.

이 때문에 어떤 강사는 아이를 포기하지 않으려고 "이런 식으로 학원에 다닐 거라면 그 돈으로 집에서 치킨을 사 먹으라."고 장난스럽게 접근을 해 보고, "부모님께 미안하지도 않느냐, 와서 애들이나 괴롭힐 거면 학원비로 마스크 팩을 사 드리는 것이 훨씬 효도하는 것." 이라고 아이의 자존심을 긁어도 본다. 보충 수업도 잡아 보고, 연락을 피하는 아이를 잡으려고 동네 게임방을 돌아다닌다거나 집 앞 놀이터에 찾아가 공부를 시켜 보려는 강사도 있다. 하지만 이런 열정을 모두 강사에게 강요할 수는 없다.

학원은 아이 교육의 끝이 아니라 시작이다

문제를 일으키는 아이를 다루는 것에 대해서는 강사들 사이에서도 의견이 갈린다. 각각이 추구하는 교육적 지향점이 다르기 때문이다. 강사들은 많은 아이를 상대하기 때문에 부모보다 덜 감정적으로 대처할 수도 있고, 또래 아이들을 통해 비슷한 사례를 설명할 수도 있다. 하지만 강사들도 사람이라 저마다 아이를 견뎌 낼 수 있는 한계점이 다르다. 학부모가 무작정 "학원에 맡겼으니 알아서 해 달라."고 던져 놓으면 안 되는 이유다. 학원은 학교처럼 의무로 묶어 둘 수 있는 곳이 아니고, 누구나 아이를 '내 자식'처럼 여기고 신경 써 주는 곳도 아니다. 집에서 통제할 수 없다고 남에게 맡기는 것은 오히려 아이를 포기하는 결과를 초래할 수도 있다. 학원에 맡겨 놓은 것이 아이 교육의 끝이 아니라 시작이 될 수도 있음을 명심해야 한다.

지적하지 않는 것만으로도
아이들은
어른에게 마음을 연다

49

어른의 눈에 최선이 아닐지라도 아이가 그것을 선호한다면 어느 정도는 아이를 존중해 주어야 한다. 어른의 방식만을 강요하면 아이와 유대 관계가 완전히 단절되기 때문이다.

　"쌔앰(선생님)!" 저 멀리서 남자아이 서너 명이 손을 흔든다. 손가락 사이에 뭔가가 끼워져 있다. 붉은 불빛을 내며 타들어 가고 있는 그것, 담배다. 가까이 다가가니 한 아이는 괜히 놀란 척 담배를 끄더니 "야, 샘(선생님) 앞인데 꺼야지." 하고 능청을 떤다. "담배 연기 가니까 이쪽으로 오세요."라며 자리를 만들어 주는 녀석도 있다. "학원 코앞에서, 교복 입고, 잘 한다."라고 꾸중을 하니 "학교에서도 피는데요?" 하고, 한 녀석은 "아, 잠깐만요. 다 폈어요."라며 마지막 한 모금을 급히 들이마신다. 흡연을 갓 시작한 아이들은 짐짓 라이터를 자랑하면서도 혼날까 봐 눈치를 보게 마련인데, 이 친구들은 그런 것도 없다. 흡연을 시작한 시기도 초5, 중1, 중3 등으로 오래됐다.

　흡연 사실을 부모님이 아냐고 물어보니 "아마 아실 걸요?", "저 아빠한테 걸려서 죽을 뻔 했어요."라고 호탕하게 웃는다. 사회가 그어

놓은 금지선을 넘어서고 나니 별것 아니었다는 걸 알아서일까. 이놈들, 걸리면 혼이 나니 귀찮은 것이지 잘못이라는 인식도 없다. 부모님 속이 얼마나 타들어 갈까 싶어 "너네 그러다 키 안 큰다."고 으름장을 놓아 본다. 그랬더니 "그거 뻥이래요.", "클 키면 벌써 컸죠."라고 한다. 담배를 기호 식품으로 여기는 요즘 아이들에게 흡연을 혼내는 건 현실 감각이 너무 떨어지는 소리 같다. 흡연자로 구성된 끈끈한 우정을 앞에 두고 "서로 말려도 모자를 판에 악영향을 주고받는다."고 악담을 하고 싶지는 않다. 아이들이 형성한 집단을 부정적으로 판단하는 것은 그 애들과의 소통 가능성을 완전히 차단하는 것이기 때문이다.

흡연이 아니더라도 아이들은 어른이 그어 놓은 여러 금지선을 굳이 넘어가 본다. 그럴 때마다 유발되는 수십 가지 갈등에 일일이 대치하고 싶지는 않다. 존중해 주는 것이 최선의 방법은 아닐 수도 있다. 하지만 어른 눈에 최선이 아닐지라도 아이가 그것을 선호한다면 어느 정도는 존중과 타협을 해야만 한다. 어른의 방식만을 강요하면 아이와 유대 관계가 완전히 단절되어 버리기 때문이다. 아이들은 잘못을 지적하지 않는 것만으로도 그 어른에게 마음의 일부를 내어 준다. 내 경우에는 흡연을 인정하면서 '꼰대'라는 혐의를 슬쩍 비껴갈 수 있었고, 아이에게 간섭할 때 돌아오는 날선 반응을 줄일 수 있었다. 다른 문제가 생겼을 때 사정을 듣기도 수월해졌다. 사람마다 아이들에 대해 용인할 수 있는 부분이 다를 것이다. 나에게 흡연은 친구를 재미 삼아 때려서 뼈를 부러지게 한다거나, 건물의 도시가스 관을 타고 올라가는 시합을 한다거나 하는 일보다 훨씬 사회적 물의를 적게 일으키는 일로 여겨졌다. 남을 해하느니 자기 자신을 해하는 것이 낫다고 생각한 것이다.

꼭 흡연이 아니어도 괜찮다. 무엇이 되었든 또래 집단의 문화 한두 개쯤은 존중할 수 있어야 한다. 아이들이 실수했을 때, 부모가 아닌 친구를 먼저 찾는 것은 비난을 들을까 봐 두려워서이다. "어차피 저희 주변에는 저희한테 충고하려고 하는 사람이 훨씬 많아요. 그런 사람투성이니까 어른들이 뭐라 하는 건 당연한 것 같긴 한데, 남이 저한테 왜 그러는지도 모르겠고, 기분도 좋지 않아요." 아이에게 어른의 기준에 맞출 것을 요구하는 사람은 무척 많고, 아이들도 주변 어른들에게 평가받는 것에 익숙하다. 아이들이 담을 쌓을 수밖에 없는 환경이다. 먼저 어른들이 아이들과 섞이려고 노력해야 한다. 그렇지 않으면, 아이에게 발생하는 어떤 문제도 알 수 없게 되기 때문이다. 부모의 눈길이 전혀 닿지 않는 곳에서 아이가 문제를 일으킬 가능성은 훨씬 크다.

어른이 아이의 무리에 받아들여져야 한다

담배나 술을 하며 자신이 다 큰 것처럼 굴어도 아이는 아직 아이다. 한 여학생은 잔뜩 술에 취해 전화를 걸어 술주정을 해 놓고, 다음 날 "혹시 선생님이 나를 미워하면 어쩌지?"라고 발을 동동 구르며 선생님 표정 좀 살펴보고 오라고 친구를 학원으로 급파했다. 술을 마시고 더 큰 사고를 치지 않은 것에 안도하고 있을 선생의 속내는 모르고, 자신을 동등하게 대접해 주는 어른에게 미움을 살까 봐 염려하는 것이다. 한 남학생은 생일 선물을 사 주려고 불렀더니 담뱃값이 너무 올라서 허리가 휜다며 담배를 사 주면 안 되냐고 반항기 하나 없이 되묻는다. 그러다가도 제 잘못을 스스로 알았는지 며칠 후에 "제가 마음을 터놓은 어른이 선생님밖에 없어서 무례하게 굴었어요. 미워하지 말아 주세요."라고 사과를 한다. 청소년의 술 담배가 사회적으로 바람직한 것은 아니고, 권장할 만한 일도 아니다. 아이의 이런 행동은 부모의 속을 타들어 가게 한다. 하지만 그것으로 인한 갈등이 아이와 돌이킬 수 없는 강을 건너게 할 것 같을 때는 돌아가는 것도 방법이다. 아이가 어른 보기에 모자라다고 내치는 것은 위험하다. 어제 다르고, 오늘 다른 청소년의 시간은 어떻게든 어른의 시야 안에 머물러 있어야 한다. 적어도 아이가 감당할 수 없는 실수를 했을 때, 어른에게 자문을 구할 수 있게 하기 위해서 말이다.

학벌과 관계없이
행복한
열일곱 살의 삶

아이는 학벌을 쟁취하지 않아도
삶의 가능성을 잃지 않아야 하고, 아무것도 되려 하지 않아도
지금 이 순간 행복할 수 있어야 한다.

2년 넘게 학원을 다니면서 숙제를 한 번도 안 해 오는 여학생이 있다. 이제 고3이 되었는데도 여전히 공부를 안 한다. "너 그러다가 대학 못 간다."고 엄포를 쳤더니 "못 가면 어때요? 전 지금도 행복해요."라는 답이 돌아온다. 발등에 불이 떨어졌는데도 만사태평이다. 내 표정을 살피더니 이윽고 "학원에 안 오면 불안하니까요. 근데 대학 못 가도 상관없어요. 엄마도 괜찮다고 했어요."라고 덧붙인다.

속편한 소리 한다고 혀를 찰 수도 있다. 옆에서 친구들도 "쟤는 쟤네 아빠 사업 물려받으면 되니까 저래요."라고 한다. 좋은 대학에 진학하는 것이 좋은 직장을 얻는 길이라고 믿는 아이들은 공부 고민을 안 해도 되는 친구가 부럽다. 하지만 경제적으로 여유로운 가정에서 자란다고 학벌에 대한 욕구가 덜한 것은 아니다. 일찍부터 자식에게 청년 사업가의 길을 열어 주는 부모가 아니고서야 대체로 좋은 대학에 자식을 진학시키기를 원한다. 학벌의 위력이 덜해졌다고는 하지만 인 서울로 대표되는 유수의 대학은 인식 속에 건재하고, 그것은 여전히 명예나 경제력 등으로 치환된다. '좋은 대학 나와 봤자 회사원', '고졸과 대졸 신입 사원의 임금 차이가 없다.'고 회의적으로 반응하는 사람도 늘어나고 있지만, 지방 사립대의 붕괴는 서울과 몇몇 지방 국립대로 대표되는 학벌 사회를 한층 더 공고하게 하고 있다. 따라서 이 아이의 상태를 단지 비빌 구석이 있어서 태평한 것이라고 폄하하기는 어렵다.

아이의 학원비가 아깝기도 해서 몇 차례 어머니에게 학원을 그만두는 것을 권해 봤다. 하지만 "학교 가고, 학원 다니고 학생답게 일상적인 생활을 하는 것으로 만족한다."는 대답이 돌아왔다. 이상한 일이다. 좋은 대학에 진학하는 것을 원하지도 않고, 지위를 쟁취하며 살지 않아도 아이는 스스로 행복해 했다. 이런 아이가 입시 체제 안에서 평범하게 지내기 위해 학원 소비를 하고 있었다. 남들 다 하는 것을 하지 않으면 안 될 것 같다는 불안 때문이었다.

교실에 특이한 아이가 하나 왔다고 의미를 두지 않을 수도 있다. 학원을 의지 없이 다니는 친구들 중 일부는 이 아이와 비슷할지도 모른다. 학원에 다니지 않는 학생 중에는 이런 아이들이 훨씬 많을 수도 있다. 굳이 대학에 가지 않아도 만족하며 살 수 있지만, 입시 외의 선택지를 제시받지 못하니 남들 하는 대로 영혼 없이 따라가고 있는 아이들은 어디를 가든 있을 것이다. 설령 그런 아이가 단 한 명밖에 없을지라도 그 목소리를 예외 사례라고 무시해서는 안 된다. 교육의 역할은 한 사람, 한 사람의 가치를 존중하고 키워 내는 것이기 때문이다.

고교 이후에 꿈꿀 수 있는 삶의 양태가 풍부하게 갖춰지지 않은 사회에서 입시가 아닌 다른 삶을 아이에게 가르치는 것은 부담이 큰 일이다. 우리는 아이들이 자신의 개성으로 삶을 꾸려 나가기를 원하면서도 동시에 아이들이 조금이라도 덜 힘든 일을 하고, 많은 돈을 벌며 살아가기를 희망한다. 학벌이 현실적으로 필요하다는 사실을 외면할 수가 없다. 그래서 어른들은 아이들에게 '딴 생각하지 말고 일단 공부할 것'을 요청한다. 특별히 위대해지거나 사회적 성공을 이루고 싶어 하지 않는 아이들에게도 어떻게든 노력해서 좋은 대학에 진학하라고, 그렇지 않으면 힘든 삶을 살지도 모른다고 겁박한다.

학벌과 상관없이 모든 삶은 아름답다

하지만 '현실'을 평계로 살아남는 법을 가르치기만 한다면 사회는 조금도 달라지지 않을 것이다. 아이는 학벌을 쟁취하지 않아도 삶의 가능성을 잃지 않아야 하고, 아무것도 되려 하지 않아도 열일곱 지금 이 순간이 행복할 수 있어야 한다. 이 사회에서 자력으로 살아남으라는 충고를 듣는 빈도는 열일곱 살이라는 시간을 충분히 누리라는 말의 무게와 균형을 이루어야 한다. "사회가 원래 그렇다."는 말은 아이가 살아갈 미래에 어떤 해결책도 되지 못한다. "대학에 못 가도 상관없다."던 한 소녀의 말이 집안이 튼튼하기 때문에 할 수 있는 말이 아니라 누구에게나 통용되는 말이 되었으면 좋겠다. 학벌에 관계없이 모든 삶이 안전하다고 느낄 수 있는 사회를 꿈꾸지 않으면, 학벌은 더 견고하고, 더 좁은 문이 되어 갈 테니 말이다.

엄마 심사대 부모만 모르는 내 아이의 진실 50가지

초판 1쇄 펴낸 날 2016년 7월 25일

지은이 해달

펴낸이 이영남

펴낸곳 스마트인

등록 2013년 5월 16일 제2013-000150호

주소 서울시 마포구 월드컵북로 400 문화콘텐츠센터 5층 창업보육센터 11호

전화 02-338-4935 **팩스** 02-3153-1300

메일 td4935@naver.com

편집 정내현

디자인 임정현

ⓒ 해달, 2016

ISBN 978-89-97943-39-5(04000)

978-89-97943-38-8(세트)

＊ 스마트인은 스마트주니어의 성인책 전문 브랜드입니다.

＊ 이 도서의 국립중앙도서관 출판예정도서목록(CIP)은 서지정보유통지원시스템 홈페이지 http://seoji.nl.go.kr와 국가자료공동목록시스템 http://www.nl.go.kr/kolisnet 에서 이용하실 수 있습니다(CIP제어번호: CIP2016016759).